MODOS DE SER CRIANÇA NO QUILOMBO MATO DO TIÇÃO

Patricia Santana

MODOS DE SER CRIANÇA NO QUILOMBO MATO DO TIÇÃO

MAZZA
edições

Modos de ser criança no Quilombo Mato do Tição

Capa
Túlio Oliveira

Revisão
Bruno D'Abruzzo

Diagramação
Lorrany Mota de Almeida

S232m Santana, Patrícia

Modos de ser criança do Quilombo Mato do Tição / Patrícia Santana. - Belo Horizonte : Mazza Edições, 2022.
248 p. ; 14cm x 21cm

ISBN: 978-65-5749-038-9

1. Educação. 2. Comunidade Quilombola de Mato do Tição. 3. Cultura. I. Título.

2022-4682 CDD 370
CDU: 37

Elaborado por Vagner Rodolfo da Silva - CRB-8/9410
Índice para catálogo sistemático:
1. Educação 370
2. Educação 37

MAZZA EDIÇÕES LTDA.
Rua Bragança, 101 - Bairro Pompeia
30280-410 Belo Horizonte/MG
Telefone: (31) 3481-0591

Para minha tia Rute de Souza, com quem tive uma infância plena de cuidado e amorosidade.

Para a querida amiga Azoilda Loretto da Trindade, com ela aprendi sobre os valores civilizatórios afro-brasileiros, a pedagogia negra do afeto e sobre a luta incessante contra o racismo. Azoilda dedicou toda uma vida por uma educação emancipatória e um mundo mais justo e amoroso.

AGRADECIMENTOS

Este livro é uma versão levemente modificada da minha tese de doutorado, cujo título foi "Modos de ser Criança no Quilombo Mato do Tição Jaboticatubas – MG", defendida no ano de 2015 no Programa de Pós-Graduação Conhecimento e Inclusão Social em Educação da Universidade Federal de Minas Gerais.

Agradeço imensamente às minhas orientadoras Nilma Lino Gomes e Ana Maria Rabelo Gomes, que acompanham minha trajetória acadêmica há pelo menos vinte anos. Ambas, além de todo o aprendizado que me proporcionaram, acreditaram em meu potencial e me ajudaram a transformar minha sede de justiça e minha indignação com as desigualdades raciais em reflexões, análises e escritos que pretenderam contribuir para o campo da educação para as relações étnico-raciais.

Gratidão a toda a minha família e não poderia deixar de citá-los nominalmente: minha mãe Amerita Luíza da Silva Souza, meu pai Rubens de Souza, minhas irmãs Simone Maria de Souza e Andréa Alcione de Souza, meu irmão Ricardo Tadeu de Souza, meu marido Luciano José Santana, meu filho Víctor Augusto Souza Santana, minha filha Maíra dos Palmares Souza Santana, meus sobrinhos Bernardo Tadeu Assunção de Souza, minha sobrinha Olívia Luíza Pilar de Souza e minha cunhada/irmã Vânia de Jesus Assunção.

Às minhas mais velhas Maria da Conceição de Souza e Geni José da Silva.

Gratidão ao povo do Matição que me acolheu com respeito e afeto, em especial: Dona Nilse, Dona Divina, Dona Isaura, Dona Bina, Marilene, Rosa, Zélia, Titita, Fabiana, Sabrina, Adriana, Nilzélia, Dona Maria Gonçalves, Renê, Lindomar, Lei, Seu Dante, Seu Badu, Seu João, Chico Pão, Miro, Evandro.

A Marilene, Renê, Mayra e Mareny, família que me faz sentir em casa quando estou no Quilombo.

Às crianças e aos adolescentes (e algumas já adultas) do Matição que me presentearam com um rico universo de vivências, encantamentos, possibilidades, resistência e esperança: Luan, Mareny, Deizeane, Mayra, Patrick, Igor, Ana Cláudia, Andrielle, Giovana, Thaís, Júlia, Bruna, Emille, Raíssa, Geíse, Laura, Isadora.

Aos queridos da Mazza Edições, em especial: Adriana Brito, Pablo e Maria Mazarello.

À banca composta por Shirley Aparecida de Miranda, Rogério Correia da Silva, Georgina Helena Lima Nunes e Lílian Cristina Bernardo, agradeço pela leitura atenciosa e importantes contribuições.

À Givânia Silva que aceitou o convite para escrever a apresentação deste livro, tenho muito orgulho por sua luta e trajetória.

À querida Georgina Helena, que escreveu o prefácio com tanta generosidade.

Ao Edimilson de Almeida Pereira, grande referência para este e outros escritos.

SUMÁRIO

"As crianças são atores sociais, produtoras de cultura e possuidoras de saberes próprios."
(Patrícia Santana, 2020)

É com este espírito que inicio o texto, que, embora breve, representa uma das escritas mais importantes que faço nos últimos tempos. E por que é tão importante escrever um texto para a valiosa obra de Patrícia Santana, intitulada **Modos de ser crianças do quilombo de Mata do Tição**, sendo eu uma educadora quilombola e ativista?

Parte da minha alegria em ser convidada para esta tarefa reside em saber que as dinâmicas *dos/nos* quilombos, estejam eles onde estiverem, são circulares e contínuas. Circulares, pois os saberes, a cultura, os modos de ver e entender o mundo estão associados a um "pertencer, a um ser quilombola, uma identidade cotidianamente confrontada. E, se os saberes circulam, a continuidade destes, assim como a história de luta e resistência dos e nos quilombos, dependem das crianças. Lembrando que a história a que me refiro, ainda, é silenciada em muitos lugares, inclusive na escola, exatamente o palco de contação das muitas narrativas de lutas e enfrentamento às opressões.

Os quilombos, por exemplo, carregam no seu significado a luta permanente por liberdade. Teria melhor e maior conquista do que viver em liberdade? E, percebendo isso, Patrícia Santana lança seu olhar *para* e *com* as crianças quilombolas de Mata do Tição. Faz do exercício da escrita uma fórmula para expressar sua compreensão sobre as crianças como possuidoras de saberes próprios, quebrando a lógica dominadora que infantiliza as crianças e as transforma em objetos de desejos adultos.

Nesta obra, as crianças são agentes, têm agência e histórias, histórias individuais e coletivas do quilombo Mata do Tição. “Hoje em dia muitas crianças não possuem contatos com os idosos”, diz bell hooks (2019). Nos quilombos, como imaginar as crianças sem contato com os mais velhos, e os mais velhos sem crianças? Como os saberes circulariam sem esses encontros? É o encontro de um passado com um presente que projeta um futuro. É por meio desses encontros que hoje podemos contar, mesmo que ainda não seja na sua integralidade, as histórias dos mais de seis mil quilombos e dos quilombolas em todo o Brasil e que, por séculos, tentam apagar. A ideia de cuidado com as crianças nos quilombos é a ideia de compartilhar saberes, troca de experiência e vivências e não de aprisionar para dominar. Numa lógica de circularidade e continuidade, as crianças aprendem com os(as) mais velhos(as) e os(as) ensinam. As crianças são do quilombo e fazem parte da vida social daquele território.

A autora conseguiu perceber esse movimento e trouxe para a escrita desta obra. Mas, por que a escola, que também é da comunidade, nem sempre percebe esse movimento de ensino-aprendizagem? Arrisco-me a dizer que talvez a escola ainda não se tenha dado conta de que, nos quilombos, lidamos com dois conceitos de educação: educação escolar quilombola e educação quilombola. A segunda, por sua vez, complementa a primeira. Além disso, também não nos desagarramos da ideia de que os conhecimentos advêm exclusivamente da escola. Nessa lógica, a escola, um lugar de fortalecer e protagonizar as histórias dos quilombolas, poderá silenciá-las. Na verdade, temos medo de perder aquilo que entendemos por “poder”. As políticas públicas e as pesquisas, em sua grande maioria, trilham pelo mesmo caminho. Ainda não perceberam as dinâmicas quilombolas, muitos menos seus saberes e suas formas de aprendizagens próprias. E é por isso que a autora afirma:

O que mais me causou incômodo foi a perceptível negação dos saberes das crianças e adolescentes. O fato de esses saberes estarem associados aos seus modos de vida, à sua cultura, à história [...]

É a política do silêncio que começa nos tomadores de decisões e nas políticas públicas e chega ao "chão da escola". Tais atitudes poderiam ser nomeadas de diversas formas. Eu prefiro entendê-las como racismo epistêmico estruturado e que, em muitos momentos, dificultam nossa leitura sobre seus efeitos em nossas vidas. Por isso, a obra **Modos de ser criança no quilombo de Mata do Tição** quebra barreiras e lança pistas para pensarmos outras formas de educar – educando-nos também com as crianças, com os(as) mais velhos(as), com os espaços sagrados, com as organizações representativas dos quilombos, com as festas, com as medicinas e curas quilombolas, enfim, com o conjunto das ciências quilombolas.

As crianças, por sua vez, e com linguagens mais simples, poderão ajudar a escola a sair desse lugar de não bom, para o lugar do prazer e da alegria. Porém, elas precisam fazer parte dessa escola como sujeitos e não como objetos. Portanto, trata-se de uma obra cuja autora é educadora no sentido freiriano, que ensina e aprende e tem como seu campo principal de pesquisa a observação e a interação com o quilombo, com as crianças e com seus jeitos e saberes próprios.

Givânia Maria da Silva

Professora substituta da Universidade de Brasilia.
Mestre em Políticas Públicas e Gestão da Educação
e doutoranda em Sociologia pela UNB.

PREFÁCIO

Escrever sobre a temática crianças e infâncias nunca é uma tarefa simples. Diria exatamente o oposto, é uma tarefa dotada de vasta complexidade, principalmente, quando a autora visa atingir públicos diversos. Escrever sobre a temática crianças e infâncias negras também é igualmente complexo, principalmente, quando a abordagem vai de encontro à forma como elas sempre foram representadas em obras, muitas vezes, tidas como clássicas da literatura infantil, constantemente como um não ser, em um não lugar, ou seja, como a negação de possibilidades de ser e viver modos outros de ser criança.

Nas páginas que se seguem, temos uma escrita cercada de alguns rigores do mundo da ciência, porque se trata do resultado de uma Tese de Doutorado defendida no Programa de Pós-Graduação em Educação, da Universidade Federal de Minas Gerais, no ano de 2015, mas é ao mesmo tempo, interpelada pela radicalidade com que os Modos de ser criança na *Comunidade Quilombola de Mato do Tição – Jaboticatubas (MG)* se inscrevem sobre o texto, surpreendendo.

Antes de focarmos no conteúdo do texto, torna-se imprescindível a reflexão acerca da autoria do mesmo, o que nos leva a formular uma série de questionamentos, como, por exemplo, como se faz para escrever de modo que, ao ler, se possa viver o que está sendo narrado e se transportar para o convívio da Comunidade Quilombola do Mato do Tição? Trata-se de um bom uso do método o que vem a ser uma boa aplicabilidade da ciência moderna? Que habilidade é essa de pesquisadora que nos faz brincar, dançar, rezar, ser benzido, sentir sabores e aromas de comida e de mato? Que jeito é esse de escrever que não desvincula o viver a infância no Mato do Tição das histórias de opressões, mas, também, das resistências e liberdades desses milhares de brasis-criança-quilombola?

É preciso responder essas questões remetendo-nos à pesquisadora, escritora, militante e, intensamente, professora da educação básica de Belo Horizonte, Professora Dra. Patrícia Maria de Souza Santana. Esta credencial de professora, ou ainda professora de menino/a, tal como se costuma dizer, talvez, faça da sua escrita algo raro, porque produz um radical movimento em estruturas paradigmáticas e epistêmicas que desconhecem o universo pouco valorizado do laboratório social e pedagógico que é a sala de aula, as escolas públicas e alguns fazeres docentes que são, permanentemente, investigativos e propulsores de curiosidades infindáveis, porque a vida na escola é vida que não se repete. As experiências da professora-pesquisadora Patrícia Santana na educação básica são de longa data, por isso, o resultado da tese fez jus à reciprocidade ou complementaridade de saberes, técnicas, metodologias e pedagogias com que a mesma adentra outros espaços educacionais como o rico quilombo Mato do Tição.

A autora que pesquisa a temática infâncias negras e processos didático-metodológicos para a educação das relações étnico-raciais na educação básica, apresenta-nos com um cuidadoso olhar socioantropológico uma educação em que o ser criança se forja numa perspectiva que vai além das determinações biológicas ou de um tempo cronológico. Fator esse que, por vezes, é realmente pretensioso no sentido de determinar qual o lugar em que o brincar e as ludicidades se alojam: no corpo, na memória ou em um movimento ininterrupto entre ambos? A relação entre o ser criança vivido pelos/as mais velhos/as, por exemplo, desafia a temporalidade biológica dos corpos através de um brincar que se torna manifesto a partir dos seus *corpos-memória*. A memória infante em corpos envelhecidos ou a envelhecer, possibilita que a infância do quilombo seja singular: fazem trocas com a tradição oral do local e com outros cenários culturais sem necessariamente serem despersonificadas de uma identidade que na quinta geração a qual pertencem, continua sendo violentamente atacada pelo racismo que ainda incide sobre suas pertenças de matrizes africana.

Se o racismo estigmatiza, as vivências familiares são potentes, pois aprender a gostar de si mesmo é um ensinamento que se reafirma a cada geração: "Foi mamãe, vovó, vovô e assim... as outras crianças que fala que quer ser eu" (Keezy, 7 anos).

A cada página deste livro, é narrada e interpretada uma diversidade de experiências de dezoito crianças que cartografam uma genuína pedagogia que emerge do *chão do quilombo*, expressão essa utilizada pela própria Patrícia Santana. Nesse chão, os anciões/ãs são os *conhecedores/as* que não escondem as dificuldades que passaram e que ainda são recorrentes na comunidade. Entretanto, no que diz respeito à escassez material, essa sempre foi regulada pela abundância de energia que positiva uma vida de fé, de festa e força. Afinal, aqueles/as que não mais vivem no quilombo desejam retornar porque possuem seu *umbigo enterrado neste chão* e adjetivam o dia 20 de novembro como o *dia da felicidade*. Retornar ao quilombo é uma felicidade à espreita, faz parte dos inúmeros desafios que a comunidade ainda tem pela frente, entre eles, a titularidade do território com condições necessárias para que todos os dias possam também ser dias felizes.

É preciso se demorar em cada linha desse livro, por isso, convido todos/as para a leitura. Por experiência própria, dificilmente ao término da mesma, deixarão de retornar ao que ficou para trás, aos detalhes que compõem os desenhos da comunidade feitos pelas crianças.

Ler e reler é um exercício de sistematizar o universo de possibilidades e conexões que essa infância negra e quilombola nos sinaliza, nesse sentido tentemos nos deixar tomar por outras noções de tempo, ritmo, espaço e ludicidade humana. As crianças se apresentam ao longo do texto com a legitimidade de quem alarga a compreensão do que significa ser criança; são sujeitos de sua infância, das infâncias invisibilizadas de seus ancestrais e de outras que virão. Não trazem para si a representação hegemônica do que *deve* ser o universo infantil, quilombola ou não, porque todas as infâncias são únicas.

Na atualidade, as infâncias são cuidadas por leis específicas que visam a sua necessária proteção e, paradoxalmente, essas também têm sido disputadas por um mercado que fabrica, semelhante a uma linha de produção em série, crianças que devem ter os mesmos sonhos, fantasias e realizações e que muitas vezes já estão delineadas em projetos que se iniciam desde os primeiros sinais de vida intrauterina. Obviamente, as crianças do Mato do Tição não estão fora do sistema global de violência e consumo, mas também permanecem dentro de um subsistema que pode impactar sobre a forma de encarar a *vida e as relações.*

Sobre a vida, em diferentes momentos, reafirmam uma existência que transpõe a morte. O mundo dos vivos e dos mortos não opera como dimensões que se excluem mutuamente, acaba, sim, por produzir regulações tácitas do território, principalmente na forma de um (auto)cuidado e respeito que em algumas circunstâncias é recepcionado sob a forma de medo.

Sobre as relações, Patrícia Santana afirma que no decorrer da pesquisa no Mato do Tição se sentiu como se estivesse em casa. O sentido de casa, para além das paredes e dos materiais sólidos que as erguem, recai sobre um simbolismo ou mesmo uma metáfora que abarca individualidades, bem como, coletividades do Mato do Tição.

A autora apresenta algumas casas que são emblemáticas tanto por serem habitadas por pessoas cujo saber ancestral se expressa nas estéticas e na suntuosidade dos artefatos que remetem ao sagrado, como também na disposição entre uma casa e outra, e ainda na subsistência doméstica presente nas hortas, nos canteiros, na circulação de animais, enfim, pela descrição minuciosa desse lugar chamado quilombo do Mato do Tição. A *casa* pode ser uma metáfora de um lugar historicamente acolhedor de todos/as cujas dignidades mínimas a serem mantidas se estabelecem pela partilha tanto do que se come (as crianças revelaram isso em um piquenique) como do que se sabe. Em síntese, conhecimento como alimento que se oferta para o corpo e para alma, para o espírito, para os esquemas mais substanciais de cognição.

Este livro, a exemplo da metáfora da casa, é uma porta que se abre dentro do cerrado universo acadêmico, cujo campo de estudos da infância ainda carece de reflexões mais pontuais como, por exemplo, sobre a relação entre trabalho, infância e etnicidades. Esta porta se abre deixando ecoar as vozes das crianças como possibilidade de *esperançar* (derivação da palavra presente no abecedário metodológico) nossas lutas.

Por fim, reza a história da origem da comunidade, que o tição se refere à tocha que iluminava os caminhos que levavam à comunidade. Diria que existem outros trabalhos muito importantes sobre a comunidade, mas é preciso perceber este trabalho também como tocha, como "*[...] a luz do tição brilhano no mato, o tição que a gente banava. O tição no mato virô Mato do Tição*" (D. Nilse, avó e bisavó das crianças).

Georgina Helena Lima

Professora Associada do Departamento de Ensino da Universidade Federal de Pelotas

INTRODUÇÃO

A pesquisa buscou compreender os modos de ser criança na Comunidade Quilombola de Mato do Tição, destacando o seu cotidiano de experiências, vivências e aprendizagens no festejar, no brincar, nas relações com seus pares, no convívio com os mais velhos, nas expressões de religiosidade e nas relações com o meio em que vivem.

A Comunidade Quilombola de Mato do Tição, localizada no município de Jaboticatubas, em Minas Gerais, possuía, em 2015, 35 famílias em um total de 176 moradores. O território que hoje ocupam consiste em uma parte do que foi, no passado, um terreno doado por um senhor a um grupo de escravizados, avós dos atuais patriarcas e matriarcas da Comunidade, que ali trabalhavam em meados do século XIX.

Ao longo de sua história, a Comunidade conviveu com conflitos e tensões que envolveram a luta por território e por sobrevivência. Após um longo processo de expropriação e usurpação de suas terras originais, os moradores conseguiram, em 1981, o direito ao usucapião, mantendo o seu exíguo território até os dias de hoje. Em 2019 a Procuradoria Regional dos Direitos do Cidadão (PRDC), órgão do Ministério Público Federal (MPF), obteve sentença que obriga o Instituto Nacional de Colonização e Reforma Agrária (INCRA) a finalizar procedimento de identificação, reconhecimento, delimitação, demarcação e titulação das terras ocupadas pela comunidade quilombola Mato do Tição.

Mato do Tição foi certificada como comunidade quilombola em 2006 pela Fundação Cultural Palmares (FCP). A certificação tem desencadeado mudanças significativas relacionadas ao modo como os seus moradores estão construindo a sua identidade enquanto comunidade negra e quilombola, e também ao modo como passaram a se posicionar politicamente no contexto das lutas nacionais e locais por reconhecimento e titulação definitiva das terras. À efervescência cultural característica de Mato do Tição, agrega-se um crescente interesse por parte de pesquisadores, estudantes, ONGs, movimentos sociais etc. que visitam constantemente a Comunidade, possibilitando, assim, um contato dinâmico dos moradores com pessoas de diversas localidades do estado e do país.

Apesar de não serem muitas – apenas cerca de 25% da população –, as crianças, com idade entre 0 e 15 anos, têm presença marcante na vida da Comunidade: brincam em diversos espaços e ocasiões, participam ativamente de todas as festividades, colaboram com atividades domésticas, circulam pelo território e pelas casas. Assim, vão aprendendo cotidianamente a pertencerem a Mato do Tição e a serem quilombolas por meio do convívio intenso com os demais membros da Comunidade, em sua maioria parentes, e também com pessoas de fora, visitantes de diversas vinculações e origens. Todas as crianças maiores de 4 anos estudam em escolas públicas localizadas em Jaboticatubas ou em bairros próximos, pois na Comunidade não há escola.

Partindo-se da compreensão de que as crianças são atores sociais, produtoras de cultura e possuidoras de saberes próprios, acredita-se que pesquisas e estudos sobre elas, suas culturas e seus saberes podem trazer contribuições importantes para a compreensão da sociedade de modo geral e, também, do mundo adulto.

Lancei, então, um conjunto de interrogações a partir de minha entrada nesse campo de pesquisa. Como as crianças vivem em seu dia a dia? Como estabelecem as relações com seus pares e com os adultos? As crianças adquirem saberes? Se sim, que saberes são esses? Como aprendem? Elas aprendem a ser quilombolas nessa Comunidade? Quais as diferenças entre as vidas dessas crianças quando comparadas às de outras externas a essa Comunidade? Como se dá a participação das crianças nas festividades, no trabalho e na aquisição de saberes da Comunidade? Seria possível pensar na construção de uma pedagogia quilombola com base nos saberes construídos, aprendidos e difundidos por meio das vivências, experiências, reinvenções, heranças, lutas e tradições dessas comunidades? Esses modos de ser criança em comunidade quilombola apresentam pontos de convergência e de divergência se comparados a outras formas de ser criança na sociedade; quais seriam essas interseções?

No decorrer da pesquisa, procurei lançar o meu olhar sobre as singularidades das vidas das crianças nativas em uma Comunidade quilombola, distanciando-me da escola e buscando compreender a Educação "no chão do quilombo". Essa pesquisa representa parte de uma busca acadêmica mais ampla, que integra a preocupação com uma Educação que respeite a diversidade étnico-racial dos brasileiros, compreendendo e valorizando as comunidades quilombolas, com o que elas representam enquanto patrimônio cultural afro-brasileiro.

Diante do contexto da pesquisa, trabalhei com referenciais teóricos que tratam dos quilombos no Brasil, especialmente dos quilombos contemporâneos e a ressemantização do termo "quilombo" no contexto das lutas por reconhecimento jurídico, político e cultural das comunidades negras rurais e urbanas. Pelo fato de Mato do Tição ser uma comunidade muito pesquisada, fiz um balanço das principais pesquisas realizadas sobre ela com a finalidade de empreender também um diálogo com essa bibliografia, tendo como objetivo analisar as mudanças ali ocorridas desde a primeira pesquisa realizada nos anos de 1980. Dialoguei também com a bibliografia sobre infância, com enfoque especial sobre a sociologia da infância e destaque para os processos de configuração de culturas de pares e suas aprendizagens nesses grupos. Busquei, igualmente, um recorte sobre a infância negra e, sobretudo, sobre a infância quilombola, um campo ainda não muito estudado pelas agendas de pesquisa nas Ciências Sociais e na Educação. Nos processos de análise de dados, este recorte bibliográfico foi fundamental para compreender os processos de constituição identitária das crianças de Mato do Tição e os preconceitos por elas sofridos por serem negras e quilombolas.

Foram importantes também as teorias de aprendizagem de participação na prática da vida cotidiana, bem como estudos e pesquisas sobre processos educativos em África e sobre as africanidades brasileiras em Educação, uma vez que o Quilombo de Mato do Tição carrega fortes influências da cultura afro-brasileira.

A observação participante foi central na pesquisa. Foi por meio dela que busquei compreender as pessoas de Mato do Tição dentro de seus contextos, tentando entendê-las a partir de suas vivências, de suas narrativas e dos significados que atribuem às coisas e ao mundo. Participei e observei as crianças em suas movimentações e circulações pelo quilombo, suas participações nas festas, oficinas e eventos, suas interações com seus pares e com os adultos, suas inserções no mundo religioso, suas brincadeiras, suas participações na realização das tarefas domésticas e seus momentos conflituosos.

Observei participando de várias maneiras, em espaços e contextos diferentes, tentando apreender, aos poucos, as partes de um todo que se constituiria nos modos de ser criança naquela Comunidade. Esse "todo" observado está longe de ser a totalidade desses modos de "ser", mas compreende um todo que me permite construir e reconstruir uma narrativa articulada com o que vi, com o que percebi e com o que vivi, em diálogo com as minhas experiências e com teorias que fornecem elementos para a análise de como é esse ser criança no Mato do Tição.

No decorrer das visitas ao Mato do Tição e dos primeiros contatos com suas crianças, me deparei com uma realidade complexa em diversos aspectos. Fui percebendo que teria de lançar mão de vários recursos metodológicos e instrumentos para ter acesso às crianças e ao que tinham para me dizer e mostrar. A busca por métodos e técnicas diferenciadas para a pesquisa com crianças tornou-se um enorme desafio. No entanto, a bibliografia pesquisada, que reúne metodologias de pesquisas com crianças, apresentou os mais variados métodos e técnicas, muitos deles pensados e organizados tendo como base as demandas do campo.

Também tive a preocupação de que fossem assegurados os espaços de narrativas das crianças, aliando-os, na medida do possível, a encontros e momentos prazerosos para elas, em uma tentativa de aliar a ludicidade própria do universo infantil ao diálogo em torno das questões da pesquisa. Mas não busquei somente informações: queria conhecer efetivamente essas crianças, no intuito de compreender sua visão de mundo, suas relações socioculturais e suas formas de pertencimento.

Sucintamente, posso dizer que as crianças de Mato do Tição se encontram imersas em um contexto que lhes possibilita vivenciar a infância de modo singular, contexto que se situa em um campo mais amplo de resistência e de luta para manutenção dos laços que une esse grupo de indivíduos desde a sua origem. Foi e é por meio dos laços familiares, das redes de solidariedade, da religiosidade, dos laços vitais de comunicação com o sagrado, em conjunto com o celebrar e o festejar, que a Comunidade Quilombola de Mato do Tição existe enquanto herança e patrimônio cultural afro-brasileiro. Seus membros estão unidos pelas suas práticas religiosas e culturais, por um sistema sociocultural cujos conteúdos remetem à herança legada por seus antepassados fundadores do Quilombo e por seus ancestrais africanos. Às crianças do Mato do Tição são oferecidas várias oportunidades de aprendizagens e possibilidades de experimentar diversas formas de ser enquanto crianças negras, brancas, quilombolas, católicas e herdeiras de uma ancestralidade ancorada na luta e na celebração da vida em múltiplas dimensões do vivido e sentido.

Por fim, posso dizer que procurei perceber e compreender os diferentes modos de ser criança no Quilombo de Mato do Tição considerando vivências, experiências e os diversos saberes instituídos, vividos, construídos e reconstruídos pelas crianças no chão onde vivem e pisam. Um chão marcado pelas lutas diárias de seus moradores pela sobrevivência, reconhecimento, invenção e reinvenção de suas tradições afro-brasileiras.

CAPÍTULO 1

A COMUNIDADE QUILOMBOLA MATO DO TIÇÃO: UM CONTEXTO SINGULAR

O campo das pesquisas sobre quilombos encontra-se bem consolidado nos estudos históricos. Observa-se que, nos anos de 1930, muitos foram realizados nas Ciências Sociais, focados principalmente na cultura. Segundo Ratts (2001), nos anos 1960 e 1970, tais estudos são marcados por concepções políticas dos quilombos como resistência negra e fontes de inspiração de luta aos movimentos sociais negros, destacando-se autores como Abdias do Nascimento, Clóvis Moura, Décio Freitas, João Batista Borges Pereira, Lélia Gonzalez e Beatriz Nascimento. Esses autores aprofundaram as questões históricas e políticas na constituição e existência dos quilombos, passando pelas questões de reconhecimento, cultura e religiosidade.

Mais recentemente, João José Reis, Alex Ratts, José Maurício Arruti, Ilka Boaventura Leite, Neusa Maria Gusmão e Alfredo Wagner Berno de Almeida realizaram estudos históricos e antropológicos sobre o tema. Tais autores contribuíram para a ressignificação e ressemantização do conceito de quilombo, na esteira das lutas contemporâneas dessas comunidades, deslocando o olhar de uma certa mitologia erigida pelo quilombo de Palmares para a concepção de quilombo como "agrupamentos negros rurais e urbanos", com todo o potencial que carregam enquanto movimentos de afirmação de direitos identitários e de diversidade de motivações na estruturação dessas comunidades.

QUILOMBOS CONTEMPORÂNEOS: RESSEMANTIZAÇÃO DO TERMO

No decorrer dos últimos séculos, das mais variadas formas, africanos e seus descendentes se agruparam em comunidades pelo território brasileiro. De acordo com Reis e Gomes (1996, p. 9), "onde houve escravidão, houve resistência", resistência que se traduziu, entre outras formas, em quilombos.

Historicamente, a organização dos quilombos nas Américas colonizadas constituiu-se como uma forma utilizada pelos escravizados em sua busca pela liberdade, em alternativa ao sistema escravista predominante nas colônias. Muitos quilombos foram constituídos em locais de difícil acesso, o que impediria a sua descoberta pelos senhores e capitães do mato – no caso do Brasil. Cada grupo quilombola organizou à sua maneira modos de manutenção da vida por meio do plantio de roças, da criação de animais, das trocas com as populações do entorno etc. Um exemplo clássico de autogestão e autossustento é o do quilombo dos Palmares – localizado na Serra da Barriga, em Alagoas –, que se manteve enquanto estrutura econômico-social e política durante mais de um século, transformando-se em símbolo de resistência e constituindo-se como um mito inspirador das lutas dos movimentos negros brasileiros.

De acordo com Ratts (2001), na efervescência dos "novos movimentos sociais" de meados dos anos 1970 e 1980, Palmares também se constituiu como referência a diversos intelectuais e militantes do movimento negro, que evidenciavam o quilombo como ideal de resistência, de liberdade, de comunidade e de solidariedade. Para Joel Rufino dos Santos (1985), o negro quilombola era o portador da utopia, uma utopia de comunhão entre os negros por força da luta contra a opressão por meio de resistência. Abdias Nascimento (1980) cunhou o termo "quilombismo", para propor uma forma de organização do movimento negro ancorada em uma atuação pan-africanista e inspirada no modelo do que foi o quilombo dos Palmares. Por sua vez, Beatriz Nascimento, intelectual e militante negra, foi uma das pesquisadoras que mais se dedicou ao tema dos quilombos e que também expressa essa concepção alargada do quilombo como simbologia e ideologia da resistência negra no Brasil: "[...] a utilização do termo quilombo passa a ter uma conotação basicamente ideológica, basicamente doutrinária, no sentido de agregação, no sentido de comunidade, no sentido de luta" (NASCIMENTO, 1989 *apud* RATTS, 2007, p. 53).

Todo esse movimento, tanto de intelectuais quanto de militantes negros, ainda vinculava suas reflexões ao quilombo do passado, presos às concepções de quilombos constituídos somente pela fuga de escravizados e situados em localidades isoladas, ideia originária do sistema repressor da Colônia.[1] No entanto, agrupamentos negros também se originaram de outras formas que não da reunião de escravizados fugidos. Com o término da escravidão, grupos significativos se dirigiram para regiões onde já existiam quilombos, organizando outros quilombos por meio da ocupação de terras distantes dos núcleos centrais: terras doadas a santos, espaços abandonados por mineradores, hectares doados por antigos senhores e mesmo aquisições próprias desses grupos, através de compra.

Esses agrupamentos, ora nomeados como comunidades negras rurais, ora como agrupamentos negros rurais, terras de preto etc., passaram a ser alvo de uma significativa produção acadêmica a partir das comemorações do Centenário da Abolição, em 1988, que revelou a existência de inúmeras comunidades negras espalhadas pelo Brasil e constituídas das mais diversas formas. A atuação do movimento negro brasileiro nesse período, aliada à divulgação dos estudos sobre as terras de preto, impulsionou uma mobilização em torno da necessidade de se criar uma legislação para a proteção dessas comunidades.

---

[1] Em 1740, o Conselho Ultramarino, órgão colonial responsável pelo controle central patrimonial, considera quilombo "toda habitação de negros fugidos que passem de cinco, em parte despovoada, ainda que não tenham ranchos levantados nem se achem pilões neles". (MOURA, 1981, p. 16, *apud* RATTS, 2001, p. 312).

A proposta chegou à Assembleia Nacional Constituinte, desembocando na publicação do Art. 216, inciso V, parágrafo 5º:

> Ficam tombados todos os documentos e sítios detentores de reminiscências históricas dos antigos quilombos.
>
> Disposições transitórias – Art. 68 – Aos remanescentes de comunidades de quilombos que estejam ocupando suas terras é reconhecida a propriedade definitiva, devendo o Estado emitir-lhes os títulos respectivos.

Nesse cenário, foram empreendidos debates em torno da utilização ou não do termo quilombo para essas comunidades "recém-descobertas" pelos pesquisadores. O debate ancorava-se justamente na diversidade de formas de acesso às terras, de existir e de se organizar dessas comunidades. Poderiam essas "terras de preto" serem denominadas quilombos e pleitearem o reconhecimento legal em decorrência disso?

Esses debates contribuíram para a mobilização e organização das comunidades negras articuladas aos movimentos negros do Brasil. Encontros e seminários iniciam-se pelo país e, em 1995, é realizado o 1º Encontro Nacional de Comunidades Negras Rurais, que contou com representantes de 26 comunidades. Desse modo, há a continuidade dos debates acadêmicos alertando para a necessidade de ressemantização do termo "quilombo", considerando-se a diversidade de origem dessas comunidades.

Os debates e lutas em torno do tema culminaram na publicação do Decreto 4.887/03, que regulamentou os procedimentos para identificação, reconhecimento, delimitação, demarcação e titulação das terras ocupadas por esses grupos. Fica, então, instituído que a caracterização das comunidades como remanescentes de quilombos poderia ser atestada mediante autodeclaração dos próprios membros dessas comunidades, estendendo-se a caracterização de remanescentes de quilombos não somente àqueles provenientes de quilombos históricos, constituídos de escravizados fugidos, mas também aos remanescentes de comunidades negras constituídas a partir de diversos marcos fundadores, sejam heranças de antigos senhores, compra de terras por pessoas ou grupos familiares, ocupação de terras abandonadas por senhores de escravos etc. De acordo com O'Dwyer (1995, p. 2):

> Contemporaneamente, portanto, o termo quilombo não se refere a resíduos ou resquícios arqueológicos de ocupação temporal ou de comprovação biológica. Também não se trata de grupos isolados ou de uma população estritamente homogênea. Da mesma forma, nem sempre foram construídos a partir de movimentos insurrecionais ou rebelados, mas, sobretudo, consistem em grupos que desenvolveram práticas cotidianas de resistência na manutenção e reprodução de seus modos de vida característicos e na consolidação de um território próprio. A identidade desses grupos também não se define pelo tamanho e número de seus membros, mas pela experiência vivida e as versões compartilhadas de sua trajetória comum e da continuidade enquanto grupo.

Partilho da definição de quilombo apresentada por O'Dwyer e por autores como Ratts (2001) e Arruti (2003), mas sempre com a preocupação de que essa conceituação ou ressemantização não se constitua uma imposição para que grupos e comunidades negras tenham que, obrigatoriamente, se engajar no reconhecimento de seus direitos. Levo em consideração possíveis comunidades que ainda não se identificaram como quilombolas, mas que carregam as características que por si só as constituem como grupos detentores de direitos, guardiões de culturas próprias, autoidentificados como negros.

LUTAS POR RECONHECIMENTO

Apesar da existência histórica dos quilombos, os mesmos não tiveram os seus direitos culturais, políticos e territoriais reconhecidos até a Constituição de 1988. O processo de reconhecimento, tanto do ponto de vista da titulação das terras e da identificação das comunidades, quanto de uma reconstrução de identidades e de afirmação de direitos, associa-se a um longo processo de discriminação, desrespeito, estigmatização e negação de direitos. O atual contexto de efervescência de identificação de comunidades negras como quilombolas está inscrito em um cenário de exigências legais que trouxe à tona a possibilidade dessas comunidades e seus indivíduos se depararem com uma identidade grupal marcada pela memória, pelo território e pela etnicidade.

O processo de lutas das comunidades quilombolas pode ser compreendido com base na teoria do reconhecimento de autores como Honneth, Fraser e Taylor[2], seus principais expoentes. Para Honneth (2003), o indivíduo está sempre vinculado a uma complexa rede de relações intersubjetivas em que, consequentemente, se torna dependente estruturalmente do reconhecimento dos outros. Desse modo, é o não reconhecimento que está na base de sentimentos como sofrimento, humilhação e privação de direitos. A luta quilombola expressa-se, assim, como exemplo dessa busca pelo respeito de um grupo social

[2] Os teóricos aqui citados constam a título de contextualização, pois, nos limites da pesquisa, não seria possível realizar uma discussão sobre o pensamento de cada autor e as diferenças entre eles. Estou ciente do debate entre Fraser e Honneth quanto às discussões em torno das políticas redistributivas e das questões ligadas às justiças ditas culturais. Fiz aqui a opção por utilizar a teoria do reconhecimento na perspectiva de Honneth, por compreender a princípio que suas formulações podem nos ajudar no entendimento, mesmo que parcial, das lutas das comunidades quilombolas pelo reconhecimento de suas particularidades enquanto grupo étnico. Também, como veremos, as experiências das crianças quanto à discriminação sofrida por serem quilombolas e negras constituem formas de sofrimento causadas, inclusive, pelo não reconhecimento de suas diferenças, tanto culturais quanto étnico-raciais.

historicamente colocado à margem das políticas públicas e do acesso aos direitos fundamentais para a sua existência.

A identidade quilombola foi e é tecida e enriquecida nas lutas históricas por reconhecimento e reafirmadas pelos marcos legais que contribuíram para a compreensão da diversidade dos quilombos no Brasil. Mas não se pode crer que os processos identitários das comunidades negras no Brasil passem exclusivamente pelos marcos legais e pelas exigências para identificação e titulação.

Se se considerar os processos comuns da teoria do reconhecimento, pode-se compreender que também essas comunidades têm outras motivações para empreenderem suas lutas por reconhecimento e, ao mesmo tempo, se identificarem como comunidades que possuem trajetórias históricas comuns marcadas por práticas culturais semelhantes, por relações de parentesco e também por experiências de discriminação, racismo e desrespeito. Essas comunidades, em sua maioria, se viram ameaçadas em sua integridade territorial e física, e o elo para a não fragmentação foi a recorrência a um passado e vida comuns que os agregou enquanto grupo, comunidade. Em Honneth (2003), a dinâmica da luta pelo reconhecimento parte da relação entre o não reconhecimento e o posterior reconhecimento jurídico-político no que tange a alguma particularidade ou alguma diferença que não era reconhecida anteriormente e que passa a pretender tal *status*.

Nas lutas por reconhecimento, as comunidades quilombolas também lançam um novo olhar sobre si mesmas. Ao rememorar o passado, veem-se marcadas pela sua identidade negra, muitas vezes atribuída pelo outro não negro que se diferencia desse grupo e o discrimina. Em muitas comunidades, são comuns os relatos de espoliação, de exploração, de enganação e de discriminação praticadas por aqueles que estão em seu entorno. Ao dizer sobre a dimensão moral da luta por reconhecimento, Honneth (2003) nos ajuda a compreender o caráter político e instrumental da identidade das comunidades quilombolas. Ao distinguir formas de reconhecimento e desrespeito, o autor alerta para a presença de normas morais do cotidiano social. Nesse sentido, nada pode garantir que os sentimentos de injustiça e desrespeito se tornem uma convicção política e moral que motive a ação coletiva de determinada comunidade.

Somente uma análise que busca compreender as lutas sociais a partir também da dinâmica das experiências morais é que pode auxiliar na definição de uma lógica que institui os movimentos sociais (HONNETH, 2003, p. 224). Nessa perspectiva, além do sentimento de injustiça e das experiências vivenciadas de desrespeito, acrecenta-se o contexto político-jurídico impetrado pelo Artigo 68 da Constituição Federal já citado aqui. Ao mesmo tempo que o marco legal potencializa as ações sociais nas lutas por reconhecimento, as noções de justiça e injustiça associadas à história de cada comunidade também contribuem para os novos processos indenitários das comunidades quilombolas.

PESQUISAS REALIZADAS NO QUILOMBO MATO DO TIÇÃO

De acordo com relatos de uma liderança da Associação Quilombola de Mato do Tição, a Comunidade recebeu e recebe muitos visitantes de diversas localidades do país, além de organizações não governamentais – que já desenvolveram ali projetos de educação ambiental, oficinas culturais, alfabetização de adultos, produção de vídeos e documentários, programas de rádio e TV – e muitos pesquisadores e lideranças de movimentos sociais. No entanto, seus habitantes ainda se ressentem da falta de investimentos, principalmente dos setores públicos no que diz respeito ao apoio financeiro para a realização das festas, edificação das ruas, melhoria das moradias, reforma dos espaços comunitários e, principalmente, políticas de geração de emprego e renda para as gerações mais jovens. Muitos moradores já migraram para outras cidades em busca de melhores condições de vida e emprego estável.

É difícil afirmar com precisão o motivo de tanto interesse pela Comunidade, mas acredito que se deva ao fato de ainda manter suas tradições afro-católicas ao longo de três séculos com uma agenda cultural, festiva e religiosa muito intensa e marcante. Outros fatores de peso são a certificação da Comunidade como quilombola, o que atraiu pesquisadores interessados na temática, e a divulgação da sua cultura na mídia, aliados à facilidade de acesso devido à sua proximidade com a capital mineira, Belo Horizonte.

Foi nesse contexto que busquei identificar as pesquisas existentes sobre Mato do Tição, acabando por localizar seis trabalhos acadêmicos. O primeiro estudo sobre o Quilombo foi realizado por Núbia Pereira de Magalhães Gomes e Edimilson de Almeida Pereira, publicado com o título *Mundo encaixado*, em 1992. Esse estudo fez parte do projeto "Minas e seus Mineiros", desenvolvido pela Universidade Federal de Juiz de Fora, em conjunto com prefeituras municipais e professores de Língua Portuguesa das escolas locais[3], e que tinha como objetivo pesquisar a cultura popular em Minas Gerais.

Em *Mundo encaixado* há um capítulo inteiro dedicado ao Quilombo de Mato do Tição, no qual são destacadas as histórias da Comunidade, seu imaginário cultural e suas tradições religiosas e festivas. Consta ainda a transcrição do documento de usucapião emitido para a família Siqueira, em 1981. O estudo foi baseado em relatos orais de moradores mais antigos, etnografia e pesquisa documental e bibliográfica. Analisando as tradições da Comunidade à luz das lutas da população negra no Brasil e da preservação da cultura afro-brasileira, os autores ressaltam que a preservação das tradições, tanto afro-brasileiras como da cultura do meio rural, compõe o complexo conjunto de significados que os moradores da Comunidade atribuem à vida.

---

[3] O projeto aborda múltiplos aspectos da cultura popular: narrativas (histórias de vida e histórias imaginárias); religiosidade (benzeções, festejos, rituais e crenças); manifestações musicais sagradas e profanas; representações culturais da morte e do feminino em Minas Gerais (GOMES; PEREIRA. *Mundo encaixado*. 1992, orelha do livro).

Nos diálogos com minha principal informante e com algumas pessoas mais velhas da Comunidade, busquei trazer elementos do trabalho de Gomes e Pereira para tentar compreender as dinâmicas do quilombo. Retomarei esse estudo com frequência, pois consiste em uma obra de referência sobre Mato do Tição.

> Perguntei se conhecia o livro *Mundo encaixado*. Ela disse que sim e que todos os seus tios e seu avô haviam recebido um exemplar. Lembrou-se do tempo em que Núbia e Edimilson fizeram a pesquisa, ela ainda era menina *(Caderno de campo, 9 mar. 2013)*.

Outro estudo relevante foi realizado por Glória Moura, sob o título *Ritmo e ancestralidade na força dos tambores negros: o currículo invisível da festa* (tese de 1997). Uma parte dele foi apresentada no artigo "Direito à diferença", publicado no livro *Superando o racismo na escola*, organizado pelo professor Kabengele Munanga e com primeira edição datada de 1995. Nesse artigo, Moura apresenta uma breve síntese sobre a abordagem que pretende adotar com base na pesquisa em três comunidades quilombolas, incluindo a de Mato do Tição.

> Este artigo tem como objetivo repensar o papel da escola como fonte de afirmação de identidades, à luz da experiência dos quilombos contemporâneos. Considero um desafio desenvolver, na escola, novos espaços pedagógicos que propiciem a valorização das múltiplas identidades que integram a identidade do povo brasileiro, por meio de um currículo que leve o aluno a conhecer suas origens e a se reconhecer como brasileiro (MOURA *apud* MUNANGA, 1999, p. 69).

A autora destaca a vivência da identidade elaborada e mediante a cultura da festa: "[...] o que faz com que os quilombolas afirmem vigorosamente sua diferença e a reivindiquem enquanto direito, vivendo de seu trabalho, quase sempre no campo e, concomitantemente, cantando, dançando, praticando suas devoções, vivenciando sua fé" (*ibidem*, p. 70). Destaca, ainda, a participação das crianças em todos os processos de preparação e realização das festas, sobretudo o aprendizado cotidiano desses indivíduos na cultura de sua comunidade. A esse conhecimento incorporado a partir da vivência cotidiana com os mais velhos, na experiência advinda da ativa participação nos preparativos e nas atividades festivas, Moura chama de "currículo invisível", currículo que a escola ou desconhece ou repudia. Para ela, o currículo escolar não está centrado na experiência do aluno, e sim em conhecimentos formalmente transmitidos, dando o exemplo dos rituais da festa do Cruzeiro de Mato do Tição para demonstrar como os valores são aprendidos pelas crianças.

> Ninguém parou para lhes dar aulas sobre o ritual envolvido em determinada celebração ou sobre os papéis a serem nele desempenhados, mas todos sabem muito bem o que têm de fazer, a hora em que têm de fazer e como devem fazê-lo. Os papéis, bem como os valores e as tradições que por meio deles se encarnam, vão sendo definidos com o passar dos anos, e por isso a aprendizagem é constante. Levantar às 5 horas da manhã para participar da alvorada da Santa Cruz na comunidade de Mato do Tição, quando se reza diante da cruz enfeitada colocada em frente a cada uma das casas da comunidade, é algo que não precisa ser ensinado. A distribuição, nessas ocasiões, de pelo menos um cafezinho e, às vezes, de bolinhos fritos na hora expressa o valor de uma tradição poderosa a exigir, em contrapartida, a troca na reciprocidade (*ibidem*, p. 73).

Moura faz ainda outras referências às relações que a escola estabelece com os estudantes quilombolas, às dificuldades que a escola tem de se apropriar e valorizar a cultura afro-brasileira e quilombola e aos prejuízos que esse distanciamento, por meio do chamado "currículo invisível" praticado nas comunidades afro-brasileiras, traz para as crianças e jovens negros quilombolas. No ambiente escolar ainda persistem situações de preconceito e de discriminação em relação às crianças de Mato do Tição, que relatam casos de insultos por serem negras e moradoras de quilombo. Uma das crianças, Ayana (10 anos), fala do preconceito sofrido: "Na escola o menino me chamava de tição e preta, eu e o Enan que *era* o mais *escuro* da sala [...] eu ficava com um sentimento ruim."

Embora essas situações persistam, tanto nas escolas em que as crianças de Mato do Tição estudam como em diversas outras escolas brasileiras, o cenário atual aponta para possíveis mudanças, a partir da instituição das Diretrizes Curriculares Nacionais para a Educação Escolar Quilombola (DCNEEQ). Essas diretrizes estão inscritas em um contexto de luta pelo direito à educação pública de qualidade, que respeite a diversidade étnico-racial do país, considerando a necessidade de valorização das culturas quilombolas. Veja-se, um dos objetivos das diretrizes:

> III – assegurar que as escolas quilombolas e as escolas que atendem estudantes oriundos dos territórios quilombolas considerem as práticas socioculturais, políticas e econômicas das comunidades quilombolas, bem como os seus processos próprios de ensino-aprendizagem e as suas formas de produção e conhecimento tecnológico (BRASIL, 2011, p. 4).

Em 2012, Moura publicou o livro *Festas dos quilombos*, fruto de pesquisas realizadas para a sua tese de doutorado[4] nas comunidades de Santa Rosa dos Pretos (MA), Mato do Tição (MG) e Aguapé (RS). O trabalho centra-se nas festas e comemorações religiosas das três comunidades, destacando seu caráter identi-

---

[4] Moura, M. G. V. *Ritmo e ancestralidade na força dos tambores negros*: o currículo invisível da festa. 1997. Tese (Doutorado em Educação) – Universidade de São Paulo, São Paulo.

tário. Moura retoma o seu percurso enquanto pesquisadora, que constrói seus próprios processos de identidade a partir de sua vivência, convivência e imersão no universo cultural da comunidade, identificando-se com os quilombolas, chegando às vezes até a se confundir com eles.

A abordagem da autora em relação à Educação se aproxima de um dos objetivos da minha pesquisa no Quilombo de Mato do Tição: compreender como as crianças aprendem no festejar, no brincar, nas vivências cotidianas da Comunidade. No entanto, durante uma das minhas visitas à Comunidade, em conversa informal com Dona Bina, uma das filhas do patriarca Benjamim José Siqueira, ela me relatou a presença do trabalho incessante em sua vida desde menina. Comecei a inferir, então, que talvez não fosse possível pesquisar a infância atual sem imergir na infância do passado desses que hoje são os anciãos e as anciãs da Comunidade. A infância dessas pessoas – que passaram por processos complexos, densos de luta pela sobrevivência e pela manutenção de suas tradições – precisava também ser recuperada e colocada à luz em comparação com a infância atual, que não vivencia esses processos tão contundentes de resistência e sobrevivência.

A vida pulsante das crianças de hoje no Mato do Tição é possível devido ao incessante trabalho e atividade de toda uma geração que ousou sobreviver e manter as suas tradições. Hoje, elas têm a possibilidade de aprender por sua inserção na vida cotidiana.

Os tambores estão frios (2005), livro de Edimilson de Almeida Pereira, dá continuidade aos estudos realizados para a produção do livro *Mundo encaixado* (1992). O autor retoma as pesquisas feitas em diversas localidades, como as comunidades de Arturos, Jequitibá, Matosinhos, Fidalgo, Santa Luzia e Jaboticatubas, dando especial atenção à Comunidade de Mato do Tição. Nesse estudo de 2005, Pereira apresenta uma análise e uma interpretação aprofundadas do *Candombe*.

O Candombe é um dos rituais mais praticados no Mato do Tição, realizado em todas as celebrações de santos, ocasiões festivas como aniversários, visitação a outras comunidades e por ocasião da morte de algum morador do quilombo. Pereira define o Candombe como um ritual religioso que congrega canto e dança de matrizes afro-brasileiras, que ocorre em Minas Gerais. Nele, são utilizados instrumentos sagrados, como os três tambores, uma puíta (cuíca) e um guaiá (chocalho). Os cantos entoados apresentam-se de forma enigmática, remetendo aos mistérios sagrados, e fazendo uma espécie de crônica dos acontecimentos cotidianos (PEREIRA, 2005). O autor descreve o ritual com base em relatos orais de candombeiros de várias comunidades, inclusive a de Mato do Tição, trazendo informações de Jair Siqueira, um dos membros já falecidos da família fundadora do quilombo. A importância do seu estudo está em revelar o universo do Candombe em toda a sua complexidade, apontando para reflexões em torno das mudanças e das continuidades do ritual que, segundo o autor, está restrito a algumas localidades:

> Hoje, o Candombe representa uma ilha do sagrado afro-brasileiro, acontecendo, de modo esporádico, em lugares também restritos. Além disso, as maiores dificuldades para o estudo do ritual se ligam à escassez de dados empíricos e à falta de trabalhos, de maior fôlego, publicados sobre o tema (PEREIRA, 2005, p. 16).

A própria existência do Candombe é um elemento de união de várias gerações: remete à ancestralidade africana e está presente continuamente na vida dos moradores do Quilombo de Mato do Tição, sendo por isso identificado pelas crianças como uma parte importante da cultura local. As crianças iniciam seu aprendizado no Candombe bem lentamente, por meio da observação e da participação em oficinas realizadas pelos candombeiros, e vão ensaiando uma participação esporádica nas festas de São João e outros eventos. A participação delas no ritual ainda é tímida e vai se delineando à medida que elas vão se tornando mais confiantes. Elas ensaiam a batida do tambor e entoam alguns cantos, mas aguardam o "momento certo" para praticar todo o conjunto: tocar, cantar, dançar, invocar os antigos e louvar os santos.

Outro estudo do tema foi realizado pelo antropólogo Djalma Antônio da Silva, que teve parte de sua pesquisa publicada, em 2008, no artigo intitulado "De agricultores a quilombolas: a trajetória da Comunidade Quilombola de Mato do Tição e a sua luta pela posse da terra". A pesquisa se baseou em história oral e etnografia. O autor descreve o seu contato inicial com a Comunidade, que se deu por meio de sua participação na tradicional Festa de São João Batista, realizada anualmente no dia 23 de junho. A partir desse momento, inicia-se um processo de aproximação com os moradores, pessoas mais velhas e lideranças. Seu olhar recai sobre o resgate histórico da constituição do quilombo, a origem do nome Mato do Tição, o mito fundador da Comunidade – congregando a participação das culturas indígena, branca e negra –, as heranças culturais católicas e afro-brasileiras e indígenas, bem como a luta pela preservação de suas terras.

Djalma Silva perpassa as histórias de luta pela sobrevivência, os períodos de maiores dificuldades, a perda de parte das terras para fazendeiros gananciosos até o processo de reconhecimento da Comunidade como quilombola – conquista que influenciou significativamente a vida ali –, ressaltando a resistência dos mais velhos e a preservação das tradições como fatores constitutivos da sua identidade. Ressalta, igualmente, as festividades como modo de interpretar e significar a vida, com a celebração da alegria e da vida familiar. As festas religiosas e profanas foram inventariadas com base em relatos de uma liderança da Comunidade.

Já o artigo "Espaço sagrado sob a ótica da nova geografia cultural", de Oliveira, Mata, Pádua e Teixeira (2009), aborda as diversas formas de manifestações religiosas presentes no Mato Tição, traçando um diálogo entre a religiosidade e sua localização no espaço geográfico do quilombo. Os autores também destacam a importância dessas manifestações religiosas para a manutenção da identidade local, além de descreverem brevemente a Festa de São João e a Festa do Cruzeiro, bem como o Candombe. Tais descrições aparecem predominantemente por meio de ilustrações, de modo a tornar possível uma discussão mais em torno da geografia cultural do que uma análise mais aprofundada do sugerido diálogo entre religião e espaço e sua relação com os processos identitários dos quilombolas.

Outro estudo de referência foi a tese de doutorado defendida por Marcilene da Silva, na Faculdade de Educação da Universidade de São Paulo (USP), em 2011, sob o título de *Conflito, estigma e resistência: um estudo a partir da comunidade quilombola do Matição*[5] *- MG.* A autora também apresenta um histórico de constituição da Comunidade e os embates pela manutenção da terra, destacando a luta pela sobrevivência e enfatizando a precariedade material que considera persistir na Comunidade. Propõe uma análise focada nos processos de discriminação sofridos pela população quilombola, apontando como seus principais agentes os moradores da cidade de Jaboticatubas – onde a Comunidade está localizada –, que consideram os habitantes do Quilombo como exóticos, esquisitos, discriminando-os por serem descendentes de escravizados e, por isso, não merecedores de seu respeito. Silva associa esse processo de construção e afirmação de preconceitos a um estigma que os moradores de Mato do Tição carregam por longo tempo e que traz, segundo a autora, prejuízos materiais e morais. Prejuízos que dificultam o acesso a bons empregos, Educação de qualidade, prejudicando a construção do sentimento de afirmação positiva do ser negro e quilombola.

Marcilene da Silva (2011) procura compreender o paradoxo existente no modo como a Comunidade de Mato do Tição se manteve quase intacta em suas tradições apesar do estigma, do preconceito, da discriminação, do abandono pelas instituições governamentais e da *precariedade material.* Chega

[5] O Quilombo também é chamado pela versão contraída de seu nome: Matição.

à conclusão de que é justamente pela manutenção das tradições culturais que a Comunidade existe e resiste. Silva apresenta, ainda, uma reflexão sobre o distanciamento das escolas com relação à realidade das crianças quilombolas, a história do quilombo, o legado cultural afro-brasileiro vivido – e que é experimentado por todos os habitantes do Quilombo –, as experiências de luta e resistência, os conhecimentos ancestrais etc. Chama a atenção para a necessidade da escola de se apropriar desses conhecimentos, modificando o seu currículo, combatendo quaisquer formas de discriminação e valorizando a cultura afro-brasileira e quilombola.

Finalmente, temos o estudo de Fernanda de Oliveira Silva, uma dissertação de mestrado defendida no Programa de Pós-Graduação em Antropologia da UFMG, em 2013, sob o título *Quando reza a fé no Quilombo Mato do Tição: família, festas, males e curas fazem a comunidade*. Estudo que teve como principais interlocutores os habitantes mais velhos da Comunidade, além de suas lideranças políticas, e apresenta uma rica etnografia da cultura local com destaque para as festas, a fé manifestada no sincretismo religioso, as concepções em torno dos males e curas e o recente processo de luta política pela afirmação da identidade quilombola. A pesquisa apresenta, também, a constituição histórica e familiar da Comunidade a partir das vozes dos anciãos.

MOVIMENTOS DE ENTRADA NO CAMPO

O conjunto dos meus interlocutores em Mato do Tição foi constituído principalmente de crianças, em sua maioria meninas. Os adultos também foram meus interlocutores e, mais uma vez, as mulheres estavam em maior número. Como no decorrer do texto farei referência às diversas gerações com as quais estabeleci interação, apresento a seguir um quadro (a partir da 2ª geração, restrito aos meus interlocutores e interlocutoras) para situar tanto as crianças quanto os adultos, considerando como geração zero os primeiros fundadores do quilombo.

As gerações do quilombo Mato do Tição

0	Ludovina e Marcolino/João Francisco e Rita Basílio (fundadores)
1ª	Benjamim Siqueira e Josefa Basílio
2ª	Dante, Divina, Bina, Badu, Isaura, Nilse (idades entre 69 e 92 anos)
3ª	Firmina, Ágata, Solano, Núbia, Medgar, Rute (idades entre 57 e 40 anos)
4ª	Acotirene, Luíza, Carolina (idades entre 25 e 35 anos)
5ª	Enan, Dandara, Ayana, Kênia, Kele, Nala, Keezy, Azânia, Hanna, Laila, Addaê, Samora, Lígia, Aurora, Sissy, Geórgia, Iara, Inaê (idades entre 2 e 15 anos)

Fonte: *Caderno de campo*

O processo de coleta e registro de dados se deu nos anos de 2012 (nos meses de julho, setembro, novembro e dezembro), 2013 (entre os meses de janeiro e julho) e 2014 (entre os meses de março e junho e outubro e novembro). As visitas foram realizadas principalmente em finais de semana, recessos e feriados, e por ocasião das festas. Por duas vezes permaneci no Quilombo me hospedando na casa de uma moradora – 7 dias na primeira vez e 5 dias na segunda.

Durante minha permanência no campo, participei das festas religiosas e profanas, de missas, sessões de benzeção, almoços, festas de aniversário, batizados, velórios, rodas de conversas, rodas de viola, tardes no bar para ver partidas de futebol televisionadas, da festa junina da escola onde as crianças pequenas estudavam, das festas das comunidades vizinhas, de oficinas de capoeira, máscaras e teatro, teatro de bonecos e dança.

Entrei no campo sem ter muito definido a abordagem teórica e metodológica que adotaria. Ao me deparar com o cotidiano, a riqueza cultural e a disponibilidade das pessoas em me receber e acolher, me envolvi com uma gama de informações, breves histórias de vida e inúmeras possibilidades de abordagens e temas. Ao mesmo tempo que essa situação de indefinição teórica e metodológica prejudicou em certa medida uma maior fluidez no andamento da pesquisa, percebo que devido a ela pude ampliar um pouco mais a minha visão do campo. Desse modo, a pesquisa se constitui principalmente de visitas de campo, observação participante, interação com as crianças, entrevistas, conversas direcionadas e outros recursos.

Meu primeiro contato na Comunidade foi com o Sr. Adonias – pai de Acotirene, uma das lideranças do quilombo. Acotirene se tornou minha principal interlocutora, com ela obtive informações gerais e específicas sobre a Comunidade no que diz respeito a conquistas e lutas, calendário festivo, questões territoriais, desenvolvimento de projetos etc. Ela sempre expressou muito entusiasmo com a possibilidade de realização da pesquisa com as crianças de lá.

"JOGOS DE CONHECIMENTO MÚTUO":[6] PROCESSOS DE INTERAÇÃO NO CAMPO

Nas primeiras visitas, não senti de imediato um estranhamento por parte das pessoas que ali viviam em relação à minha presença, talvez pelo fato de estarem acostumadas com a movimentação de visitantes – principalmente por ocasião de festividades – e familiarizadas com a visita de pesquisadores. Aos poucos fui percebendo que, para ter acesso às informações que julgava relevantes à minha pesquisa, teria de investir em uma inserção mais cotidiana na Comunidade. Minha função no campo e minha satisfação em poder participar das atividades do Quilombo foi me fazendo mais conhecida pelos moradores e tornando possíveis conversas informais recheadas de perguntas respondidas com casos, histórias e rememorações do passado, que foram preciosos. Paulatinamente, as pessoas foram me conhecendo e me tratando pelo nome.

A certa altura, eu já havia sido apresentada a muitas pessoas por meio da Acotirene. Por causa dela, estabeleci contatos

[6] Expressão tomada de empréstimo de Zaluar (1994).

telefônicos frequentes para combinar visitas, saber das atividades e festividades da vida da Comunidade. Acotirene, ainda, foi sondada por moradores a respeito de quem eu era, o que fazia lá, onde eu morava etc.

Em um dos diálogos com Acotirene, quando pensávamos em uma estratégia para conversar com as mães e/ou responsáveis pelas crianças sobre a pesquisa, ela me sugeriu que iniciássemos com algumas visitas aos mais velhos da Comunidade. Segundo ela, seria muito difícil conseguir reunir todas as pessoas, pelo fato de elas não terem muita disposição para reuniões devido às muitas tarefas e ao trabalho. Acolhendo a sugestão, visitamos a casa das irmãs Siqueira e de um dos irmãos delas; não foi possível visitar o outro irmão vivo, pois ele não morava no Mato do Tição – embora em outras ocasiões eu tenha podido ter contato com ele. A grande proximidade entre as casas foi fator facilitador do meu trânsito pelas residências e da minha circulação pelos diversos espaços do quilombo. As relações foram se tornando mais estreitas, principalmente com as mulheres, nas figuras das mães, tias, avós e irmãs das crianças.

Esses primeiros movimentos tiveram como objetivo a aproximação e a coleta das primeiras informações, em seguida, visitei algumas casas para falar da minha pesquisa e entregar os termos de consentimento. Nessas ocasiões, os assuntos foram os mais diversos, como falar um pouco sobre mim, sobre as crianças, o dia a dia, as tarefas domésticas e comentários sobre a festa anterior e a próxima. Com algumas pessoas criei laços mais estreitos, tornando possível compartilhar fatos da vida, de adoecimentos, da criação dos filhos, dos sofrimentos com a perda de pessoas queridas, do medo da violência vinda do entorno, da reforma de casa e também algumas confidências que talvez não revelassem a uma "estranha".

Fomos aprendendo a nos relacionar, nos conhecendo uns aos outros, e não posso esconder que desenvolvi um sentimento de afeto por aquelas pessoas. Nas casas visitadas, encontrei aconchego e disposição para as conversas. Sempre fui recebida com muita hospitalidade, com café e bolinhos, biscoitos e convites para entrar e voltar outras vezes. Não percebi a "carência material" relatada por alguns autores, como Gomes e Pereira (1992)[7] e Silva (2011), mas a simplicidade, esta sim eu percebi; na maioria das casas, o alimento era compartilhado com todos os presentes, parentes ou não.

No questionário que apliquei às crianças, constata-se que em todas as casas existe TV, aparelho de som, geladeira, rádio e telefone celular. Em muitas delas, há motos e bicicletas; em algumas, tem computador. Não há excesso nem abastança: existe muito trabalho e aproveitamento dos recursos naturais para geração de renda. A maioria das casas possui hortas, pomares, criação de animais. Há o reaproveitamento de óleo para a produção de sabão, venda de ovos e galinhas, produção de doces, tapetes de retalhos, cestas de palha, temperos caseiros para venda, revenda de produtos de beleza por revistas etc. Na maioria dos casos, são as mulheres que estão à frente desse processo de geração de renda a partir dos recursos que o próprio espaço oferece, sendo elas, em alguns casos, auxiliadas pelas crianças e adolescentes da Comunidade.

As crianças com as quais interagi pertencem à quinta geração da Comunidade e já se beneficiam de uma série de políticas públicas específicas voltadas para as comunidades quilombolas. Não podemos dizer especificamente dos impactos materiais que tais políticas estão produzindo. No entanto, a presença de organizações que recebem insumos dos governos para a execução de projetos, a realização de cursos e oficinas dos quais as crianças são público-alvo e o contato constante com pesquisadores fazem parte da vivência dessa geração, a primei-

---

[7] A expressão "carência material" foi utilizado por Gomes e Pereira (1992) ao tratarem das condições de vida na Comunidade. Embora possa ser questionada atualmente, a expressão dá uma visão da época em que a pesquisa foi realizada, remetendo às condições precárias de sobrevivência às quais as gerações mais velhas foram submetidas. Em 2011, as mudanças nessa situação de precariedade já se fazem sentir, o que será discutido mais à frente.

ra que frequenta a escola regularmente, proporcionando a essas crianças condições de compreender qual é o trabalho de um pesquisador. Nesse sentido, o processo de interação delas com a pesquisadora foi marcado por naturalidade e se deu sem grandes dificuldades. Reconheceram-me como alguém interessada em saber sobre elas. Ao entenderem que escreveria uma espécie de livro sobre as crianças de Mato do Tição e que eu também atuava como professora na capital, expressaram o desejo de produzirem elas mesmas um livro sobre o quilombo. Tornei-me a pessoa e a professora que se interessava por suas histórias e que realizava diversas atividades com elas para escrever um livro.

Não sabia muito da complexidade daquele lugar, salvo o que li nos livros, e vivenciar aquela riqueza cultural ancorada na ancestralidade afro-brasileira e mineira foi muito importante para o amadurecimento das minhas intenções com a pesquisa. Revisitei o catolicismo em outras dimensões, como o catolicismo popular marcado pela devoção aos santos e a Nossa Senhora com a valorização de cada rito, prece e oração, e do entoar das ladainhas. Um catolicismo mesclado com as heranças africanas de reverência aos antepassados e aos guias espirituais. Ali, as festividades, a religiosidade, o Candombe, a família e o trabalho representam a vida e o mundo vivido. Vida marcada pela ancestralidade, pela preservação da memória, pela convivência com parentes e amigos: o compadrio, o respeito aos mais velhos, a preocupação coletiva com os mais novos, a proteção ante os perigos da cidade. Um lugar cheio de humanidade e potência.

Estar dentro de um campo como esse exigiu paciência com um tempo que não era aquele ao qual eu estava acostumada. Exigiu ainda sensibilidade na escuta e perspicácia em saber decifrar os momentos de tensão, para lidar com o medo de não conseguir interpretar a riqueza contida naquele contexto e um desejo de tecer um texto científico resultante daquela vivência que pudesse traduzir o que vivi e concebi ali na Comunidade. Parafraseando Luz (2011), foi no interior da vivência das práticas em Mato do Tição que conheci aquele lugar e acabei por me lançar a questões sobre quais metodologias usar para compreender as suas crianças.

As respostas foram dadas considerando a complexidade do contexto local de Mato do Tição e, igualmente, a complexidade de pesquisa em comunidade quilombola numa conjuntura em que as comunidades estão se "acostumando" com o conceito quilombola e buscando operar nas suas ações políticas com esse novo "lugar" em que estão inseridas no projeto de nação brasileira. Esse lugar, parafraseando Hall (2003), está sob *rasura* para aqueles que investigam o ir e vir das construções identitárias na diáspora.

CONHECENDO A COMUNIDADE QUILOMBOLA DE MATO DO TIÇÃO

Localização e histórico da Comunidade

A Comunidade Quilombola de Mato do Tição está localizada no município de Jaboticatubas, MG, a 4 km da sede da cidade. Jaboticatubas localiza-se na Serra do Espinhaço e teve sua origem no sistema de sesmarias implantado pelos portugueses no Brasil em 1530, com vistas a normatizar a distribuição de terras na colônia. As glebas de terras foram sendo adquiridas na região onde hoje é o município de Santa Luzia, entre os anos de 1716 e 1750, e foram chegando às proximidades do território de Jaboticatubas até serem incorporadas ao mosteiro de Macaúbas. A posse da região foi conseguida em 1791. Uma parte dessas terras foi negociada com fazendeiros de gado. Aos poucos, foi surgindo o lugarejo onde ergueram a Igreja de Nossa Senhora da Conceição. Em 1878, foi criado o distrito de Ribeirão de Jaboticatubas, pertencente ao município de Santa Luzia. Em 1938, Jaboticatubas emancipou-se de Santa Luzia.

A maior parte da população de Jaboticatubas vive em área rural, ocupando-se principalmente da agricultura, pecuária e serviços. Cerca de 80% da área total do Parque Nacional da Serra do Cipó se encontra nos limites do município, sendo o turismo uma atividade econômica importante. Os municípios limítrofes são Itabira, Itambé, Pedro Leopoldo, Santa Luzia, Lagoa Santa, Baldim, Santana do Riacho.

A Comunidade Quilombola de Mato do Tição – também conhecida como "Matição" – possui 3,2 hectares e está localizada entre montanhas. A parte em que se localizam as residências é cortada pelo córrego Chico Matias que, de acordo com uma moradora, no passado abastecia a comunidade de água e peixes (*Caderno de campo, 7 jul. 2013*). Atualmente, o córrego está rareando, em alguns pontos tornando-se apenas um filete de água.

A origem do nome Mato do Tição é contada por muitos moradores e também pelas crianças. Segundo eles, há muito tempo, na falta de luz elétrica, as pessoas que ali viviam utilizavam tochas ou tição para iluminar os caminhos. Quem avistava a mata de longe via aquele fogo brilhando na noite, por isso, começaram a se referir a ela como "mata do tição" ou "mato do tição". Gomes e Pereira (1992) apresentam duas versões para a origem do nome semelhantes àquelas que se contam atualmente.

Para compreender o contexto atual de Mato do Tição, optei por localizar a sua história no diálogo com alguns marcos históricos e temporais que impactaram diretamente na vida da Comunidade, provocando muitas transformações. E serão essas transformações que ajudarão na análise dos complexos modos de ser criança quilombola em Mato do Tição. Primeiramente, será apresentado um quadro sintético com as características da Comunidade descritas e analisadas pelos seus primeiros pesquisadores que se tem notícia: Núbia Pereira de Magalhães Gomes e Edimilson de Almeida Pereira. As visões apresentadas por esses autores estão inseridas em um tempo histórico anterior à Constituição de 1988, ainda sem as especificações em torno das discussões sobre o conceito de quilombo e as decorrentes lutas por reconhecimento das comunidades negras rurais. Ao mesmo tempo, é um período marcado pela emergência dos "novos movimentos sociais", as lutas pela democratização do país, o crescimento das organizações negras e o crescente interesse pela compreensão e pelo significado da cultura afro-brasileira.

Essa visão, apesar de considerar a potencialidade da cultura de Mato do Tição para a sua sobrevivência e resistência, situa a Comunidade negra no lugar de subalterna, carente, pobre, submissa, explorada – e talvez tenha sido mesmo essa a impressão deixada pela realidade apresentada aos pesquisadores do ponto de vista das condições materiais de sobrevivência.

No entanto, procuro dialogar, a partir inclusive da atual realidade observada, com outras visões que anunciam as potencialidades de um novo movimento social que tem como diferencial as lutas pelo reconhecimento político e cultural. Movimento potente politicamente e que, para além de ser demandatário de políticas sociais pontuais, apesar de reconhecê-las como importantes, reivindica o seu reconhecimento expresso pela principal bandeira de luta que é a regularização fundiária e a titulação coletiva da terra.[8]

De acordo com Almeida Pereira (2005), esses movimentos que possuem uma identidade coletiva são movimentos sociais que atuam por meio de relações políticas objetivadas em movimentos reivindicatórios. No caso da Comunidade de Mato do Tição, temos a expressão de uma identidade coletiva, "o ser Mato do Tição", e a constituição do "ser quilombola em processo", ou o "vir a ser". Esse grupo compartilha uma história comum: seus indivíduos estão situados em um território comum do qual tiraram e ainda tiram parte de seu sustento, que é cenário de suas relações sociais, onde compartilham valores e histórias de sobrevivência e resistência. Encontram-se em processo de elaboração e reelaboração de sua identidade enquanto população negra afro-brasileira e que, dinamicamente, mantém seus laços familiares de solidariedade que têm um papel decisivo na sua manutenção enquanto povo do Mato do Tição, enquanto grupo étnico demandante de reconhecimento jurídico-político e identitário.

Concordo com Almeida Pereira quando ele questiona as políticas públicas que tentam enquadrar os quilombolas como

[8] Mesmo sem desconsiderar que algumas comunidades estejam hoje discutindo os possíveis efeitos da propriedade coletiva, principalmente aquelas localizadas em espaços urbanos ou rurais/urbanos.

categoria geral, em detrimento de sua etnicidade. O enquadramento dos quilombolas nas categorias de pobres, populações carentes, excluídos, baixa renda, vulneráveis e desassistidos coloca em risco o atendimento de uma de suas reivindicações: a titularidade coletiva da terra, que se desdobra em uma diversidade de condições para a sua manutenção enquanto um grupo singular em suas formas de ser, viver e fazer.

"Isolados negros, desolados remanescentes"

Para Gomes e Pereira, que realizaram pesquisa na Comunidade na década de 1980, Mato do Tição sofria de um isolamento geral histórico, social, econômico, religioso e geográfico, fazendo parte de um conjunto maior de uma população pobre do interior.

> Entre ele (Mato do Tição) e os habitantes de Jaboticatubas instala-se uma diferenciação entre o rural e o urbano, o pobre e o rico, o negro e o branco. Os valores do *roceiro, pobre e negro*, são menosprezados pelo observador citadino, rico e branco (GOMES; PEREIRA, 1992, p. 318, grifos meus).

Classificados como à margem da sociedade, despertavam pouco ou nenhum interesse por parte de pesquisadores e das autoridades políticas e eram tratados com desprezo pelos moradores da cidade de Jaboticatubas. Para a maioria das pessoas àquela época, "os negros do Mato do Tição são tão somente os negros lá do mato com suas festas e seus tambores estranhos" (*ibidem*, p. 310). A pouca disponibilidade de documentação escrita sobre Mato do Tição, as dificuldades de acesso devido à precariedade das estradas e o pouco interesse pela cultura de sua população eram elementos que facilitavam o isolamento da Comunidade. Paradoxalmente, esse isolamento e suas consequências na vida dos moradores, marcada pela pobreza, humilhação e desrespeito, possibilitou a manutenção de suas tradições culturais e religiosas e a ressignificação da vida para além dos processos de manutenção da vida material. "Para os negros, entretanto, as celebrações públicas da fé representam o momento oportuno – e possível – para retomarem a história dos antepassados através [*sic*] do corpo dançante, do cântico enigmático e dos instrumentos tocados em louvor aos santos." (*ibidem*, p. 353).

"Coadjuvantes na história do outro"

Gomes e Pereira classificam as famílias de Mato do Tição como grupos subalternos à sociedade e que não conseguem fazer ecoar suas reivindicações. As relações que se estabeleceram entre negros e brancos se perpetuaram até a década de 1990, revelando que "o vínculo de tensão e paternalismo entre o senhor e o escravo se reduplicam nos laços entre o comerciante rico ou o fazendeiro e o negro pobre" (GOMES; PEREIRA, 1992, p. 314). Além das relações de subalternidade, marcadas principalmente pela usurpação da terra e pelo emprego em atividades mal remuneradas, os autores chamam a atenção para o isolamento social a que os moradores da Comunidade estão submetidos. Tal isolamento é caracterizado pela manutenção de valores que se distanciam da vida moderna: a "rigidez moral, a autoridade dos pais, a religiosidade são linhas mestras nas relações interpessoais" (*ibidem*, p. 314). As tentativas de rompimento desse isolamento social, empreendida principalmente pelos mais jovens, provocam mudanças no seu modo de vida, distanciando-os principalmente das vivências religiosas.

> O egresso de Mato do Tição é o indivíduo pobre, que enfrenta as dificuldades do desclassificado social, herdeiro do escravismo e afastado do núcleo familiar. Os jovens que emigram para os centros urbanos se distanciam das celebrações religiosas e se debatem entre a vontade de tornar a elas e a vergonha de demonstrá-las em sua nova condição de homens citadinos (GOMES; PEREIRA, 1992, p. 314).

Os jovens, com sua pouca escolaridade aliada às poucas oportunidades de trabalho e aos baixos salários dali, partiam para outras localidades em busca de melhores condições de vida. Aos que ficavam, restava a inserção em atividades na agricultura: "mão de obra não qualificada era colocada à mercê das ofertas na agricultura ou na pecuária e o negro desempenha as funções que lhes são propostas, uma vez que não dispõe de propriedade ou rebanho" (*ibidem*, p. 315). De acordo com os autores, as mulheres tinham muita importância nas pequenas atividades produtivas, contribuindo ativamente para o sustento da família.

A seguir, serão apresentados os marcos temporais e históricos considerados fundamentais para a contextualização da Comunidade. Tais marcos foram construídos com base em várias fontes de referência, como artigos e pesquisas publicadas sobre Mato do Tição, sites – Prefeitura Municipal de Jaboticatubas, SEPPIR, FCP, INCRA, Diário Oficial da União (DOU) –, entrevista com a vice-presidente da Associação Quilombola de Mato do Tição, caderno de campo de pesquisa e projetos elaborados pela Associação e outras organizações.

Histórias de lutas

A origem da Comunidade Quilombola de Mato do Tição remonta ao período pós-escravidão. De acordo com Gomes e Pereira (1992, p. 300):

> Os antepassados da comunidade de Mato do Tição viveram as imposições da escravidão e o ostracismo após a assinatura da lei que aboliu o cativeiro em 1888. Libertos, receberam como "data de alforria" as terras hoje pertencentes à comunidade. [...] No passado – ainda no período escravista – os negros cativos viam-se obrigados a constantes mudanças, quando vendidos a senhores de regiões diferentes. Os ancestrais da família Siqueira – Constança, Pedro e Rita Basílio – foram transferidos para a posse do coronel Chico Alves, proprietário da Fa-

zenda de Baixo situada nas proximidades do atual sítio de Mato do Tição. Após a abolição, os ex-escravos receberam do senhor as terras que passaram a habitar e na qual promoveram ampliação do núcleo familiar.

Com o passar dos anos, as terras doadas em herança pelo antigo senhor aos ex-escravizados que deram origem à família Siqueira foram sendo alvos de invasões, principalmente por parte de fazendeiros. De acordo com Divina Siqueira:

> Eles vinha e pedia emprestado pro meu pai um pedaço de terra para o gado pastar, com o passar do tempo ia cercando aquele pedaço. Também papai contava que a minha avó Ludovina pediu um cumpadre para pagar o imposto em Santa Luzia e deu pra ele a escritura, e ele num devolveu mais, aí ficou perdida a parte de cima. Naquele tempo não tinha muito o que fazê e as terra foro sendo tomadas aos pouco e ficamo só com esse pedacinho (Divina Siqueira).

Esse relato é de um dos membros constituintes da família Siqueira e se aproxima daqueles coletados por Silva (2008, p. 14).

> Segundo o narrador, mais tarde, quando o fazendeiro que tirou parte [das terras] da comunidade começou a vendê-las para outros, os conflitos aumentaram. Eles passaram a ser vistos como invasores e não como proprietários. E não eram respeitados por donos da fazenda vizinha que se diziam dominadores de tudo.

As constantes ameaças de perda de território levaram a família Siqueira, tendo como liderança Silvio de Siqueira (Badu), a assumir a empreitada de pleitear a documentação de propriedade do terreno que herdaram de seus pais. Em 1977, a Comunidade comprou um lote no interior do sítio que estava na posse de uma pessoa que não pertencia à família Siqueira. Assim, recuperara uma pequena parte do que vinha sendo usurpado durante muito tempo. Segue um trecho do documento de compra e venda transcrito por Gomes e Pereira (1992, p. 302):

> O Sr. Silvio Siqueira, representante dos herdeiros de Benjamim José de Siqueira por este documento, fica vendido, cedido e transferido aos herdeiros de Benjamim José de Siqueira todo o direito de posse antiga que têm sobre a área de terreno e casa de moradia no lugar "Mato do Tição", podendo os compradores requererem a competente ação de usucapião para obtenção de registro competente no Cartório de Registro de Imóveis desta Comarca [...]. Por esse documento, fica transferido aos referidos compradores todos os direitos usucapiendos que têm sobre o referido terreno. Valendo a emenda: "requerem". Jaboticatubas, 20 de setembro de 1977.

Em 1981, a família Siqueira passa a ter propriedade definitiva do terreno por meio do direito à usucapião. Na certidão de registro de imóvel na Comarca de Jaboticatubas, datada de 4 de maio de 1981, consta a área total de 3.200 hectares com as suas respectivas divisas (estradas, córrego, fazendas), além do nome de cada um dos dez herdeiros na época.

A unidade territorial da Comunidade foi desfeita com a venda de três lotes para terceiros poucos anos depois de adquirirem o direito à usucapião. Conforme relatos de uma moradora, atualmente existem sete lotes em propriedade dos herdeiros.

Novas agendas políticas e de pesquisas: os impactos em Mato do Tição

A Constituição Federal de 1988 consiste em um marco na história do Brasil, especialmente pelo reconhecimento de direitos sociais e políticos. Para a população quilombola, o Artigo 68 da Constituição, que garante o direito à propriedade de terra aos "remanescentes de quilombo", abriu novas perspectivas de luta. Especialmente no caso de Mato do Tição, a comunidade começa a ser vista de outra forma, sobretudo por pessoas que passaram a ter conhecimento da legislação.

Um marco para a comunidade foi a presença, em 1986, dos pesquisadores Núbia Pereira Magalhães Gomes e Edimilson de Almeida Pereira. O contato com eles possibilitou aos moradores maior compreensão a respeito de sua identidade enquanto comunidade negra e quilombola que se mantinha ligada às tradições afro-brasileiras.

De acordo com Djalma Silva (2008), a presença desses dois pesquisadores abriu caminhos para os primeiros contatos das lideranças com o movimento social negro. Com o passar do tempo, as jovens lideranças começaram a frequentar reuniões do movimento negro e a receber visitas de seus representantes, participando de manifestações no estado de Minas Gerais e também em Brasília, iniciando articulações com os movimentos quilombolas de Minas Gerais e de outros estados brasileiros. Também dimensionaram melhor a importância das lutas pela titularidade da terra e a necessidade de articulação do movimento em redes, a exemplo da criação da CONAQ[9], em 1996, na reunião de representantes de diversos quilombos brasileiros, realizada em Bom Jesus da Lapa, na Bahia. As lideranças jovens tiveram contato com outras dinâmicas de luta para além daquelas empreendidas no interior da Comunidade, e com isso foram aprendendo outras linguagens, apropriando-se de novos conceitos que influenciaram e influenciam os contornos da identidade negra e quilombola. Aprenderam a elaborar projetos não somente para captar recursos para a comunidade como também para dar visibilidade à rica cultura local, tendo a Asso-

---

[9] Coordenação Nacional de Articulação de Quilombos é uma organização de âmbito nacional que representa quilombolas do Brasil. Dela participam representantes das comunidades quilombolas de 22 estados da Federação.

ciação Quilombola recebido um prêmio[10], em 2013, por projeto que trata da cultura afro-brasileira da Comunidade Quilombola de Mato do Tição. Foi no contexto do centenário da abolição da escravatura e da efervescência do movimento negro, em 22 de agosto de 1988, que foi criada a Fundação Cultural Palmares (FCP), Lei 7.668, como resposta às pressões do movimento negro organizado. Desde o início, a FCP mantém seu compromisso com a valorização da cultura afro-brasileira e com o combate às intolerâncias raciais no Brasil.

> Desde a sua criação [...] no contexto da reconquista das liberdades democráticas e centenário da abolição da escravatura no Brasil, a Fundação Cultural Palmares tomou para si o combate à intolerância racial no Brasil. Isso pressupôs várias ações, dentre elas o reconhecimento das terras quilombolas. O objetivo era fazer da FCP uma instituição pública federal voltada aos interesses dos afro-brasileiros. Assim surgiu o primeiro órgão do Estado a ter como eixo central a questão racial, mais especificamente a cultura e o patrimônio afro-brasileiro (BRASIL, 2009).

A FCP, desde sua criação, estimulou a publicação de inúmeros estudos e pesquisas sobre as comunidades quilombolas. Em 1989, incentivada pelo projeto "Nascentes negras", Glória Moura, então pesquisadora da UnB, iniciou suas pesquisas em Mato do Tição, documentando tudo em filmagens, fotografias e gravações que acabaram por constituir o vídeo *Matição: comunidade iluminada*, de 1990. Em 1995, foi gravado o conjunto de músicas das celebrações da Festa de São João Batista que fez parte do projeto etnomusical "O som da festa negra"[11]. O interesse dos pesquisadores e a documentação das músicas, danças, festas

---

[10] Prêmio Culturas Populares – Edição 100 de Mazzaropi, promovido pela Secretaria de Cidadania e Diversidade Cultural.

[11] De acordo com Moura (2012), esse projeto é coordenado por Tiago de Oliveira Pinto, do Instituto Internacional de Música Tradicional de Berlim.

possivelmente estimularam os moradores de Mato do Tição a preservar e divulgar sua cultura. Esse movimento levou à criação de grupos musicais, a exemplo do Tambor do Matição, surgido em 1998, que realizou diversas apresentações locais e fora do estado, chegando a gravar um CD nesse mesmo ano, e conta com um blog com informações sobre o grupo, o Candombe e a Comunidade[12]. Em 2010, o grupo venceu o edital da FCP para propostas culturais com o projeto "Encontro de tambores afrodescendentes com a cultura popular", realizando apresentações em São Luiz do Maranhão.

A publicação do Decreto 4.887/2003, que regulamenta os procedimentos para identificação, reconhecimento, delimitação, demarcação e titulação das terras ocupadas pelos quilombolas, representa tanto um avanço político no reconhecimento das comunidades quilombolas no plano jurídico-político, como ajuda a repensar as relações de poder historicamente apoiadas no monopólio da terra por parte dos antigos senhores de escravos e pelos atuais grandes proprietários rurais e urbanos. Após o Decreto, o amadurecimento político da Comunidade, principalmente da terceira geração de seus moradores, é consubstanciada em 2004 com a criação da Associação Quilombola de Mato do Tição que, em 2006, entra com o pedido de titulação no INCRA.

Em 2006, Mato do Tição é certificada pela FCP como comunidade quilombola. Advém de todo esse processo uma efervescência de pesquisadores, documentaristas, mídia, órgãos governamentais, projetos de ONG e grupos culturais interessados na Comunidade.

As reivindicações dos moradores de Mato do Tição não são mais reivindicações "surdas", como observaram Gomes e Pereira (1992): elas ecoam nas lutas dos movimentos quilombolas, nas articulações nacionais, nas redes de solidariedade, na associação quilombola, nas parcerias com grupos e pessoas. As lutas de Mato do Tição estão inscritas em lutas nacionais por

[12] Disponível em: <http://tambordomaticao.blogspot.com/>

reconhecimento e respeito. Hoje, reivindicam a preservação de seu território e de sua identidade étnica coletiva, pleiteando a propriedade da terra de forma ampla, compreendendo inclusive as terras que, no passado, foram usurpadas pelos latifundiários locais. Ocorre, no momento, um processo rico de início de cisão da subalternidade em relação aos "senhores" proprietários de terra. Essa cisão é protagonizada principalmente pela terceira e pela quarta gerações, que vêm deixando exemplos para os descendentes mais jovens, sobretudo para as crianças que já podem ser consideradas as primeiras beneficiadas, de forma mais abrangente, dos resultados dos intensos processos de luta dessa Comunidade e do movimento nacional quilombola.

As questões relacionadas às dificuldades para inserção no mercado de trabalho ainda persistem, principalmente para os mais jovens que, na maioria dos casos, não completaram sua escolaridade e estão empregados em atividades informais. Ao mesmo tempo, há um crescente número de trabalhadores autônomos, principalmente nas atividades de construção civil, recebendo remuneração precária. Também se tornaram diversificadas as atividades de geração de renda que movimentam uma microeconomia interna.

ORGANIZAÇÃO ATUAL

Atualmente, o Quilombo é cercado por pastos, fazendas, sítios e condomínios, restringindo o território e dificultando a expansão de moradias, bem como a disponibilidade de espaço para a realização das festas, oficinas e encontros da Comunidade. De acordo com uma de suas lideranças, muitos daqueles que têm o "umbigo plantado" no Matição não podem construir suas casas e lá constituírem suas famílias por falta de espaço. As casas são praticamente todas de alvenaria, restando ainda algumas construções de adobe, anexadas às moradias como cômodos externos. As casas de adobe foram aos poucos sendo substituídas pelas de alvenaria a partir da segunda metade dos anos de 1990. Vegetações ornamentais, árvores frutíferas e hortas cercam a maioria das residências, e muitas possuem criação de animais domésticos como galinhas, cachorros, gatos, porcos, coelhos. Algumas são delimitadas por cercas de arame. Essas moradias não possuem redes de esgoto, mas sim fossas. A distribuição de água é realizada por meio de um poço artesiano, e alguns moradores possuem cisternas próprias para compensarem o abastecimento precário. A energia elétrica está presente em todas as residências.

Residem no Quilombo cerca de 35 famílias em um total aproximado de 176 moradores, distribuídos em 34 residências. As casas estão dispostas ao longo da estrada que liga a Comunidade à sede de Jaboticatubas, de um lado, e, de outro, à comunidade de São Sebastião do Campinho. Sete grandes lotes foram subdivididos e novas moradias foram construídas pelos filhos e netos dos irmãos Siqueira – Jair de Siqueira, Dante de Siqueira, Júlio de Siqueira, Nilse de Siqueira, Elza de Siqueira, Silvio de Siqueira, Isaura de Siqueira, Divina de Siqueira e Silvia de Siqueira. No entanto, entre as residências existem lotes pertencentes a pessoas de fora da comunidade, que ali construíram sítios.

A Rua Benjamim José de Siqueira é a via principal que liga Mato do Tição a Jaboticatubas e a São Sebastião do Campinho. Quando de terra, de tempos em tempos a prefeitura passava uma máquina para diminuir os buracos e, em ocasiões festivas, o carro pipa molhava a estrada para diminuir a poeira nos períodos de seca. Desde novembro de 2014, a rua foi parcialmente asfaltada por demanda dos moradores da Comunidade. Segundo eles, os principais transtornos em relação à via eram ocasionados pela poeira durante a seca e pela lama em tempos de chuva.

Não existe transporte coletivo para a sede ou quaisquer outras localidades do município. Quando necessitam de deslocamento, os moradores utilizam motos, bicicletas, carros próprios (que são poucos), caronas no ônibus escolar, mas geralmente o fazem caminhando. Na entrada da estrada de Jaboticatubas para o Quilombo existe uma placa oficial com logomarcas da Prefeitura Municipal, do Governo do Estado e do Governo Federal e a inscrição "Comunidade Quilombola de Mato do Tição".

Na Comunidade não existem escolas: as crianças se deslocam para bairros do município em transporte escolar fornecido pela prefeitura. A partir dos quatro anos, elas já começam a frequentar escolas públicas.

A maioria dos moradores de Mato do Tição trabalha na construção civil dentro e fora do município, em serviços domésticos nos sítios e fazendas próximas ou nas fábricas de roupas e de doces também próximas ao quilombo. Alguns são autônomos: motoristas, manicures, artesãos (de doces, sabão, cestaria, biscoitos). Há entre eles, ainda, uma funcionária pública municipal que atua como agente comunitária de saúde (ACS). Por fim, há o grupo dos idosos, tendo muitos conseguido a aposentadoria rural.

Por intermédio da Associação Quilombola, seus presidentes elaboram projetos culturais como Ponto de Cultura, Prêmio Mestres Tradicionais, entre outros. Além disso, há a presença de ONGs e grupos de estudantes e professores universitários que também desenvolvem projetos na Comunidade.

A maneira como o Quilombo se apresenta para aqueles que o visitam se faz perceptível a todos. Logo que se entra em suas terras, como já disse, vê-se uma placa que anuncia o nome da Comunidade. Essa placa está afixada na casa da Dona Divina Siqueira (88 anos), matriarca de Mato do Tição, liderança religiosa e uma das referências para os quilombolas e visitantes.

> Já havia visitado Dona Divina das outras vezes em que fomos ao quilombo. Ela tinha muitos colares no pescoço, algumas medalhas e outros parecendo guias, uma touca branca na cabeça e sempre vestia calças compridas e camisas masculinas. Pedimos a benção e conversamos um pouco (*Caderno de campo, 24 nov. 2012*).

Na casa e no terreiro de Dona Divina são realizadas as principais festividades e encontros religiosos. Dentro da casa tem um quarto denominado pelos moradores de "quarto santo". Nesse cômodo, as paredes são todas enfeitadas com flores, papéis coloridos, quadros de santos. Há também um pequeno altar com imagens de santos católicos e de um preto velho. Ali são guardados os tambores do Candombe chamados *crivo*, *santana* e *requinta* (GOMES; PEREIRA, 1992). Nesse espaço sagrado, aberto a quem queira fazer uma prece, pedir proteção ou cura, são feitos os louvores, as orações e as benzeções.

Na sala da casa de Dona Divina, há uma foto dela e do falecido marido com autoridades, como Aureliano Chaves, que foi governador de Minas Gerais, e um ex-prefeito de Jaboticatubas, que aparecem junto à Dona Divina durante uma Festa de São João. É uma foto da qual não se sabe precisar a data, mas que Dona Divina mantém como lembrança de um momento importante: o reconhecimento das tradições culturais de Mato do Tição pelas autoridades políticas locais.

Outro espaço de referência é a Capela de Nossa Senhora de Lourdes: um pequeno cômodo ao qual está anexado o escritório da Associação Quilombola de Mato do Tição. Há o Bar do Ley, que funciona como uma espécie de centro cultural onde são realizadas as apresentações musicais, bingos, encontros festivos e outros. O bar possui equipamento de som, microfone e TV, suas paredes internas e externas são estampadas com imagens pintadas de Dona Divina e Seu Dante – atualmente as pessoas mais velhas da Comunidade – e uma pintura representando o batuque e o Candombe. Próximo ao Bar do Ley existe um telefone público, mas muitos moradores possuem telefones celulares que funcionam com alguma dificuldade de conexão.

Em um grande pátio se concentram os ensaios de carnaval, a Festa da Consciência Negra, apresentações de grupos de outras localidades, brincadeiras das crianças, a missa dos santos padroeiros, barraquinhas e leilões para arrecadação de fundos para as festas e outras atividades. Há ainda um outro bar onde se concentram tanto moradores quanto visitantes.

Mato do Tição abriga também uma antiga construção que pertenceu ao Senhor Benjamim Siqueira, uma das pessoas que deu origem à família Siqueira da qual descende a maioria dos moradores do local – é a "casa velha", como é chamada pelas crianças. Mais abaixo está a casa do Seu João e Dona Nilse Siqueira, pais de nove filhos, entre eles, Solano, liderança da comunidade que realiza diversas ações culturais e políticas em prol do quilombo. Solano é um ativista das causas quilombolas e da preservação das tradições de sua Comunidade.

A religião praticada pela maioria dos moradores é a católica, havendo alguns evangélicos e os que praticam também a umbanda, sendo estes católicos e umbandistas. A umbanda não é assumida declaradamente pelos moradores, mas é citada por algumas pessoas como uma das religiões presentes no Mato do Tição.

AS FESTAS COMO AFIRMAÇÃO DE IDENTIDADE E MANIFESTAÇÃO DO SAGRADO

O calendário festivo da Comunidade é extenso e engloba predominantemente festas religiosas e apenas duas festas "profanas": o Carnaval e a da Consciência Negra, das quais tomei conhecimento por Acotirene, liderança comunitária e minha principal informante.

Calendário de festas em Mato do Tição

Calendário de festas em Mato do Tição

Mês do ano	Nome da festa
Jeneiro	Folia de Reis
Fevereiro	Carnaval – Saída do Bloco Quimatic
Março	Encomendação das Almas

Mês do ano	Nome da festa
Abril	Queima do Judas
Maio	Mês de Maria – Coroação de Nossa Senhora Festa do Cruzeiro / Santa Cruz Festa dos Três Santos (Sant'Ana, São Sebastião e Nossa Senhora de Lourdes)
Junho	Reza de Santo Antônio Festa de São João Reza de São Pedro
Setembro	Reinado de Nossa Senhora do Rosário – Participação na festa em Jaboticatubas
Novembro	Festa da Consciência Negra
Dezembro	Natal e Folia de Reis

Fonte: *Caderno de Campo*

A *Folia de Reis* é uma festa muito animada! Um grupo grande de pessoas segue os foliões de casa em casa entoando suas músicas. Os foliões brincam, cantam, fazem acrobacias (os mais jovens), tocam viola, rezam. Essa festa se inicia no Natal e é encerrada no dia 20 de janeiro com rezas diante da bandeira de São Sebastião dentro da capela de Mato do Tição. As crianças, em sua maioria, participam dessa festa acompanhando e se divertindo com os foliões. Um grupo de quatro crianças participou da Folia de 2014, vestindo-se com as roupas e máscaras típicas.

> Eles vestem umas roupas coloridas e põe a máscara e sai de casa em casa, entram e cantam na frente do presépio. Toda casa tem um presépio. Depois de cantar bastante sempre tem alguma coisa pra eles beber e comer. Alguns fazem piruetas, e continuam cantando até acabar as casa tudo *(Enan, 11 anos).*

De acordo com Gomes e Pereira (1992), os moradores de Mato do Tição fizeram uma reapropriação dessa festa e atualmente ela é uma celebração de negros, apesar de sua origem ibérica. É a celebração do nascimento do Menino Jesus e da recepção feita pelos Três Reis Magos, que saem em peregrinação a Belém levando presentes para o messias recém-nascido.

Em uma história, contada por Dona Nilse, transcrita do livro de Pereira (2003), ela chama a atenção para esse orgulho de se ter um rei negro entre os Reis Magos e para o descaso de Nossa Senhora para com o rei preto:

> [...] os reis saíram de madrugada. Quando Herodes não encontrô ele, juntô a soldadesca e foi atrás. Quando os três rei chegaro na lapa, eles ficaro emparelhado. Melchior, o rei preto, chegô na frente:
>
> Deus vos salve Virgem Senhora, seu menino e São José. Nossa Senhora teve orgulho de Melchior, porque ele era preto. Mas saudô os três, colocando ele no fim:
>
> Deus vos salve, Rei Gaspar, Baltazar e Melchior.
>
> Quando foi na hora de cantá a missa, o rei Baltazar tinha mirra, Gaspar o incenso e Melchior o ouro. Gaspar perguntô:
>
> — Qual de nós que serei de cantá a missa?
>
> — Será Melchior, porque ele tem o ouro, que é o cálice. O ouro é que vale mais. Ocê sereis o da guia – disse Baltazar.
>
> Nossa Senhora então se alembrô do pouco caso que fez e saudô de novo:
>
> — Deus vos salve, Rei Melchior, Gaspar e Baltazar.
>
> Os reis magos são caracterizados pelas cores de suas roupas: o Rei Baltazar veste azul e máscara rosa, o Rei Gaspar se veste de preto e o Rei Melchior se veste de vermelho. Em todos os chapéus dos reis existem espelhos que, segundo os moradores, é para evitar mau-olhado (PEREIRA, 2003, p.23).

A reelaboração da história dos Reis Magos contada por Dona Nilse demonstra uma das formas simbólicas de enfrentamento do racismo e da discriminação racial. Os moradores de Mato do Tição têm uma vivência cotidiana com o preconceito e a discriminação: durante muito tempo se viram subjugados pela opressão dos brancos nas figuras dos ex-senhores de escravos, contratadores de mão de obra barata, posseiros, comerciantes da cidade, entre outros. A vivência coletiva com a discriminação racial é representada por Dona Nilse ao trazer para o espaço da narrativa sua crítica à atitude de Nossa Senhora: a Santa desprezou o rei Melchior por ele ser preto e, para lhe dar uma lição, o destina como o escolhido para cantar a missa. Melchior era mais importante que os outros porque carregava o ouro; Nossa Senhora, então, se vê obrigada a abrir mão de seu orgulho e saldar Melchior.

O *Carnaval* compreende os ensaios e o desfile do Bloco Quimatic. Os ensaios são realizados nos sábados que antecedem e no domingo de *Carnaval*. O grupo se reúne no pátio da Capela e é comandado por dois integrantes do grupo Tambor do Matição. O bloco é dividido entre os percussionistas que tocam os tambores – em sua maioria homens, com a presença de muitos jovens – e os demais componentes, que são pessoas da Comunidade e alguns poucos de fora. A maioria veste um abadá, confeccionado especialmente para o bloco.

O desfile é realizado no domingo de *Carnaval* na sede do município. Nesse dia, também saem alguns blocos de Jaboticatubas. Cada bloco tem o seu momento de saída. Após a apresentação e o cortejo do Bloco Quimatic, os foliões se juntam em um bar próximo para confraternizarem. Geralmente ganham uma caixa de cerveja do dono do bar. Depois desse momento, os moradores de Mato do Tição ficam livres para participarem das outras atividades de Carnaval daquele dia. Em sua maioria, as crianças que participam do Carnaval seguem acompanhadas de suas mães, pais e irmãos, dançando, cantando e seguindo o cortejo atrás da percussão.

A *Encomendação das Almas* é realizada no período da Quaresma e tem sido retomada aos poucos após muitos anos sem ser realizada. É puxada por um grupo de homens, adultos e idosos, tanto de Mato do Tição quanto de uma comunidade vizinha. De acordo com três meninas de Mato do Tição, a *Encomendação das Almas* é feita do seguinte modo:

> Eles passam nas casa e ninguém que está dentro pode abrir a porta ou a janela e se olhar vai ver as almas atrás das pessoas. Eu enfiei debaixo das cobertas e fiquei com medo *(Dandara, 12 anos).*
>
> Eu olhei pelo buraco da janela e vi uns vultos. Fiquei com muito medo. Eles passam de casa em casa, rezam e cantam fazendo vozes que dão medo *(Kênia, 13 anos).*
>
> Vovó falou que a gente não pode olhar e se olhar pelo buraco da janela a gente chora sete dias e tem que rezar o pai Nosso e Ave-Maria até passar os sete dias e parar de chorar. Eu tenho muito medo, se abrir a porta a gente vê as almas *(Ayana, 10 anos).*

Durante a Quaresma, a maioria das casas é visitada. Todas as luzes de dentro devem estar apagadas e as portas fechadas. Os moradores não podem sair até que a encomendação seja feita. São rezas, cantos e ladainhas em intenção das almas. De acordo com Acotirene, se o morador abrir a porta durante e depois da *Encomendação as Almas* voltam para dentro de casa.

A *Queima do Judas* – ou Malhação do Judas, como é conhecida em algumas localidades – ocorre no Sábado de Aleluia. Durante todo o dia um grupo pequeno de moradores, de homens e mulheres, prepara o boneco, colocando enchimento com bombas, roupas, chapéu, brincos. A cada instante, chega uma pessoa com um adereço para enfeitar o Judas. Esse processo é realizado nas proximidades do Bar do Ley. No final da tarde, os moradores começam a chegar ao bar para acompanhar o cortejo de Judas. O boneco é colocado em cima de um cavalo, e atrás dele segue uma pequena banda tocando instrumentos. Assim o grupo vai passando de casa em casa. Alguns mascarados da *Folia de Reis* juntam-se também ao grupo. O cortejo é seguido também por algumas crianças, outras ficam no bar porque têm medo, segundo elas mesmas.

No retorno do cortejo, é lido o testamento de Judas com alusão às heranças deixadas para cada morador. Nesse momento, as pessoas se divertem e riem muito. Em seguida, o boneco é pendurado em um poste e nele ateiam fogo. Há muitos estrondos e estalos por causa das bombas. As crianças, principalmente as pequenas, gritam, pulam muito e ficam admiradas com as explosões. Na sequência, retornam para o bar. Algumas pessoas sentam para tomar uma bebida, outras dançam forró e as crianças brincam de pega-pega.

A *Festa do Cruzeiro* ou da Santa Cruz é realizada na noite do dia 2 para o dia 3 de maio. É um louvor à cruz na qual Jesus Cristo foi sacrificado. No mês de maio, na frente de todas as casas, são colocadas cruzes ornamentadas com papéis coloridos. Após as orações na Capela, as pessoas seguem em procissão até o pico mais alto do local, onde há uma grande cruz. No passado, a procissão era realizada a pé; atualmente, no entanto, são utilizados carros, pois muitas pessoas idosas e crianças têm dificuldades para subir o morro.

No cruzeiro se iniciam as orações, soltam-se foguetes e é tocado o Candombe. Velas são acesas em volta da cruz, seguidas da reza do terço. As crianças levam cobertas e deitam no chão forrado com colchas. Monta-se uma barraquinha com caldo e o quentão é servido gratuitamente para todos os participantes. A descida do morro é feita antes do sol nascer, pois os fiéis têm a tarefa de passar na frente de cada cruz que na entrada das casas antes do alvorecer. Segundo alguns moradores, é uma das festas mais tradicionais de Mato do Tição e também uma das mais restritas, sem a participação de muitos visitantes que não fazem parte do grupo familiar. De acordo com Dona Divina, essa é uma festa ensinada por sua mãe, Josefa Basílio:

> A Santa Cruz é adorada porque desde o tempo de eu menina, que eu nasci, cresci e entendi, foi acompanhano minha mãe nessa noite de hoje, fazeno alvorada da Santa Cruz. É a alma de nossa mãe que nos ajudô e nos deu força pra nós continua essa festa. A Santa Cruz foi um sinal que Deus deixô em terra. Porque Ele padeceu, foi ensanguentado e cravado numa cruz. Assim, pelo sinal Dele, que ficô, nós adoramo.

Essa história é representativa da ligação que as pessoas de Mato do Tição têm com os seus antepassados, que são rememorados em todas as festas religiosas.

Durante todo o mês de maio é celebrada a Virgem Maria, com a realização de novenas e a reza do terço. Também ocorre a *Coroação da Nossa Senhora.* A coroação é realizada por um grupo de crianças com idade de até 12 anos. Essas crianças são ensaiadas por uma moradora de Mato do Tição. Segundo uma das meninas, ela escreve os versos no papel para aquelas que sabem ler, e cada uma vai tentando decorar; para quem não sabe ler, ela canta junto até aprender. A Coroação é realizada durante todo o mês de maio, pelo menos uma vez por semana. No final de cada Coroação, as crianças ganham pacotes com balas e doces. Todas se vestem de anjo e colocam um adereço na imagem de Nossa Senhora de Lourdes.

No terceiro sábado de maio é realizada a *Festa dos Três Santos:* São Sebastião, Nossa Senhora de Lourdes e Sant'Ana. Essa festa começa no início da noite de sábado com a reza do terço, a coroação de Nossa Senhora feita pelas meninas da Comunidade e o hasteamento das três bandeiras seguidas de orações. Logo após, iniciam o Candombe com saudações aos santos e santas, aos presentes e a outros santos que são invocados por cada um que assume o canto do Candombe. No domingo, inicia-se uma procissão com os andores para cada santo, partindo do início da rua até a capela. A missa é rezada e, em seguida, é servido um almoço. Essa festa é organizada por um grupo de festeiros que congrega pessoas de dentro e de fora da Comunidade. O encerramento é feito com o Candombe.

No dia 13 de junho é feita a *Reza de Santo Antônio* e poucos dias depois, no dia 23 de junho, acontece a *Festa de São João Batista*, com apresentação do Candombe, rezas católicas, fogueira, danças, barraquinhas etc. A *Festa de São João Batista* é a que recebe o maior número de visitantes e está na agenda da Secretaria de Cultura de Jaboticatubas, contando, inclusive, com a cobertura de algumas emissoras de TV. Muitas pessoas já realizaram e realizam documentários sobre a festa, e muitas a filmam e a fotografam.

Algumas semanas antes dessa festa, é feita uma nova pintura na casa de Dona Divina para receber os convidados. No dia 23 de junho, os preparativos para a festa são iniciados no período da manhã, com a tessitura da fogueira realizada por um grupo de homens da Comunidade e outros ajudantes. Há uma movimentação muito intensa de pessoas no terreiro e na casa de Dona Divina. O quarto santo recebe novas ornamentações feitas por Dona Nilse, o terreiro é enfeitado de bandeirinhas coladas pelas crianças. Alguns pequenos grupos de pessoas de dentro e fora da Comunidade montam as barracas de comidas e bebidas. Ao lado da casa de Dona Divina, um senhor e outros dois ajudantes preparam cinco grandes panelas de canjica em fogões a lenha feitos no chão.

Após a montagem da fogueira, que tem cerca de 12 metros de altura e é amparada por grandes bambus, é servido o almoço para todos os presentes. A comida é farta: arroz, tutu de feijão, macarronada, carne de panela e salada de alface. Para os homens ficam à disposição uma garrafa de água gelada e um garrafão de cachaça. A movimentação das crianças é intensa. Elas brincam, correm e ajudam em uma coisa aqui, outra ali. Muitas pessoas filmam e fotografam todo o processo.

Por volta das 20h, o filho de Dona Divina acende a fogueira. Não demora muito para o fogo chegar até o topo. É uma visão muito bonita! O frio é intenso e a fogueira vai aquecendo as pessoas que chegam para a festividade. Às 21h, a Guarda de Moçambique[13], da família de Isaura de Siqueira, chega à capela

[13] Essa guarda é composta por filhos e parentes de Dona Isaura de Siqueira, irmã de Dona Divina e da cidade de Vespasiano.

onde é recebida por Dona Nilse, seu esposo e alguns outros presentes. Após a recepção, descem o morro em direção à casa de Dona Divina. A Guarda, então, é acompanhada por um grupo de pessoas até a porta da casa de Dona Divina, que a recebe com bênçãos e com a bandeira de São João aberta em suas mãos. A Guarda entra no quarto santo acompanhada por um pequeno grupo de pessoas. Em seguida, são feitos os louvores e os cantos.

Por volta das 23h, inicia-se a reza do terço, seguida dos agradecimentos e intenções aos falecidos, aos doentes e aos aniversariantes. São distribuídas velas aos presentes e a bandeira de São João é levada por outro filho de Dona Divina e conduzida até o mastro para seu hasteamento. Os devotos dão vivas ao santo e um grupo segue com as velas acesas até o mastro. As velas são depositadas na terra com orações e pedidos. Inicia-se, então, o Candombe entoado por Dona Divina, seguida por Dona Isaura e por outros membros da Comunidade. Um pouco antes da meia-noite, a fogueira já despencou. Um filho e um neto de Dona Divina espalham as brasas formando uma espécie de tapete. Luan, um menino de 11 anos, relata que "as pessoas que têm fé e coragem dão vivas a São João, se benzem e começam a travessia com os pés descalços na brasa." Segundo os moradores de Mato do Tição, quem não se queima é porque tem muita fé. O Candombe prossegue e, em seguida, há o batuque.

No dia 29 de junho, realiza-se a *Reza de São Pedro* na casa de Dona Divina. No terreiro, faz-se uma pequena fogueira, tanto por causa do frio quanto para afinar os tambores do Candombe. O terço é rezado dentro de casa, com a participação de um grupo pequeno de pessoas e com a presença de todos os irmãos Siqueira. Após o terço, são rezadas ladainhas, fazendo-se intenções aos mortos e doentes. Um filho de Dona Divina sai com a bandeira de São Pedro na frente, que é hasteada ao lado da bandeira de São João. Inicia-se, assim, o Candombe. A festa é encerrada de madrugada. Essa é também uma festa mais restrita aos moradores e seus parentes.

Em setembro, na primeira semana do mês, comemora-se o *Reinado de Nossa Senhora do Rosário* na cidade de Jaboticatubas. O

Mato do Tição participa com uma pequena Guarda de Moçambique, integrada pelos mais velhos e com a participação de alguns adultos. São poucas as guardas e com número reduzido de pessoas.

No dia 20 de novembro, ocorre a *Festa da Consciência Negra*[14]. Estive presente nessa festa de 2012, que foi iniciada com um pequeno discurso de uma liderança, que ressaltou a importância do dia para os negros como uma data que não deveria ser esquecida pelos moradores de Mato do Tição. Em seguida, grupos do Boi da Manta da cidade da Lapinha e o Tambor de Crioula, por meio de um representante do Maranhão que reside na Serra do Cipó, fizeram apresentações, seguidas do Candombe. Nessa festa, também houve a apresentação de um cantor de Belo Horizonte. Alguns moradores montaram barraquinhas para a venda de pastel, churrasco e caldo. Os participantes são, em sua maioria, os moradores do Quilombo e alguns poucos visitantes de outras localidades.

A partir do dia 24 de dezembro, com o Natal, inicia-se a *Folia de Reis*.

O Candombe: tecendo laços com a ancestralidade afro-brasileira

> Um grupo de três homens assentados em bancos de madeira inicia o toque nos três tambores; esses toques são acompanhados por um instrumento semelhante à cuíca e um outro pequeno tambor que é batido por uma baqueta. O Seu Dante faz o sinal da cruz e passa as mãos pelos tam-

---

[14] O dia 20 de novembro, dia da morte de Zumbi dos Palmares, é uma data importante e representativa para o movimento negro brasileiro. Foi apropriada como data de luta e resistência da população negra em 1971, na cidade de Porto Alegre (RS), pelo Grupo Palmares (SILVEIRA, 2003). Em diversas localidades do país, são realizadas atividades, comemorações e festejos, além de debates e discussões sobre a situação da população negra no Brasil. Essa data foi instituída nos anos de 1980 como resposta ao dia 13 de maio, dia em que é comemorada a abolição da escravatura e que celebra a princesa Isabel como uma espécie de heroína. Em algumas cidades brasileiras, o dia 20 de novembro foi instituído feriado.

> bores, demonstrando pedir a benção. Inicia um canto pedindo licença para Nossa Senhora e em seguida dão vivas a Nossa Senhora Aparecida, São Sebastião, São Benedito e São João. Um coro responde às vivas. Inicia-se um canto que é difícil de compreender. Em seguida, dança-se movimentando os ombros de forma circular, e se vai batendo os pés no chão num gingado cadenciado com as batidas do tambor; após umas três voltas de dança, retoma-se os cantos. Em seguida, entra outro senhor, que pede licença e reinicia todo o processo feito pelo Seu Dante, cantando outras músicas *(Caderno de campo, 20 maio 2013).*

Assim como a Festa do Cruzeiro é associada à mãe Josefa Basília e ao pai Benjamim José de Siqueira, que deixaram as heranças do catolicismo por meio da reza do terço, das ladainhas em latim e do culto aos santos, o Candombe no Mato do Tição é uma herança de Constança, também uma das fundadoras do quilombo. Tia Tança, como carinhosamente é tratada, foi escravizada e, no relato de moradores mais antigos, foi aquela que deixou os legados ancestrais de ligação mais direta com a cultura africana e afro-brasileira. A ancestralidade é aqui compreendida como uma visão de mundo africana, negro-africana, afro-brasileira[15] que considera que vivos e mortos, o real e o sobrenatural, a vida cotidiana e a vida espiritual, bem como os entes da natureza, estão interligados e interagem entre si nos processos de manutenção da existência.

> A concepção ancestral africana inclui, no mesmo circuito fenomenológico, as divindades, a natureza cósmica, a fauna, a flora, os elementos físicos, os mortos, os vivos e

[15] Considera-se aqui afro-brasileiros, africanos e africanos na diáspora que mantém a perspectiva da ancestralidade, tanto do ponto de vista religioso quanto do relacionado aos valores da vida. Sabemos que nem todos comungam dessa concepção, devido ao longo processo tanto de desenraizamento cultural ao qual a população negra foi submetida historicamente, quanto por possíveis opções pessoais.

> os que ainda vão nascer, concebidos como anelos de uma complementaridade necessária, em contínuo processo de transformação e de devir (MARTINS, 2001, p. 79).

De acordo com Pereira (2005)[16], o Candombe não é uma festa, e sim um ritual de origem banto, que tem a marca do sagrado com elementos do catolicismo, da umbanda e do culto aos antepassados. Nele são louvados principalmente os santos: São Benedito, Nossa Senhora do Rosário, Nossa Senhora Aparecida, Sant'Ana, São João, São Sebastião, além de Jesus Cristo. Homenageia-se e rememora-se os antepassados, pessoas da família ou da Comunidade que contribuíram de forma marcante à vida do grupo e que ganharam a condição de entes exemplares após a morte.

Os antigos e os santos viveram entre as pessoas e se destacaram de alguma forma. No caso dos santos, eles são trazidos para perto, são humanizados para passarem o sentimento de proximidade e semelhança aos devotos. São Benedito, por exemplo, por ser um santo negro, também é considerado um antigo, um antepassado do povo de Mato do Tição. Ele é visto como um escravo, um pai e um santo ao mesmo tempo. Em um ponto do Candombe ele é apresentado como o responsável por acabar com o cativeiro dos negros: "O Pai Benedito num qué casca de coco no terreiro, se num foi Benedito, num acabava o cativeiro." Apesar de os antepassados não serem cultuados da mesma forma que os santos, os candombeiros sabem fazer essa distinção, ambos têm lugar especial na memória das pessoas da Comunidade. Santos e antepassados estão presentes tanto nos pontos religiosos quanto nos profanos do Candombe[17], assim como na vida das pessoas. De acordo com Nobles

[16] Nessa tentativa de descrever o Candombe do Mato do Tição, além das observações feitas em campo e conversas com alguns moradores tomamos como referência a obra de Edimilson de Almeida Pereira, chamada *Os tambores estão frios: herança cultural e sincretismo religioso no ritual do candombe.*

[17] Pereira (2005) listou 18 tipos diferentes de pontos do Candombe que variam de acordo com o lugar e a ocasião. São eles: de abertura; de demanda; de brin-

(2006), essa concepção de que os mortos estão presentes na vida dos vivos e são reverenciados constantemente, mais especialmente em momentos de celebração, é comum em diversas culturas africanas.

> Mesmo após a morte física, a pessoa continuava a viver na comunidade em espírito, tanto nas lembranças das experiências vividas com a pessoa no tempo em que ela era viva, quanto nas histórias contadas sobre os antepassados e rituais de comunicação com a dimensão do invisível (NOBLES *apud* NOGUEIRA, 2013, p. 96).

Em Mato do Tição, a rememoração dos antepassados está presente nas rezas aos santos, nas celebrações eucarísticas, no culto de Encomendação das Almas e no Candombe. Também se faz presente nas conversas de algumas crianças que perderam entes queridos, assim como na memória dos mais velhos que contam sobre os antigos como Tia Tança, Josefa Basílio e Benjamim Siqueira, fundadores do quilombo.

Ainda em relação aos antepassados, pode-se dizer que a família tem lugar central na cosmogonia presente no Candombe. As famílias negras no Brasil se estruturam também como uma forma de resistência e de sobrevivência aos tempos de cativeiro e em rememoração às formas de organização em seus territórios na África. De acordo com Slenes (1999), quando os negros se casavam, adquiriam uma moradia e se organizavam para terem uma convivência com os filhos. A constituição de famílias era uma das formas de reação à violência, além de permitir aos negros alcançarem alguns objetivos materiais e culturais. Pertencer a uma família, entre outras coisas, possibilitava aos negros, escravizados ou libertos, criarem condições

---

cadeira (bizarria); de apaziguamento; para capitães; para os ancestrais; de Zambi; para Jesus Cristo e os santos; para Nossa Senhora; para as mulheres; para a bandeira; para a Santa Cruz; para disfarçar; de alerta; para pedir cachaça; de convite para entrar no Candombe; de improviso; de encerramento. O uso desses pontos varia de lugar para lugar.

para preservarem, reelaborarem e repassarem algumas de suas tradições sociais e culturais aos filhos, sobrinhos e netos.

Podemos dizer que, em Mato do Tição, a família[18] tem um lugar central na dinâmica do grupo. Família que, nesse caso, não se resume ao núcleo familiar restrito, possuindo, assim, várias configurações: avós e netos; mãe e filha; pai, mãe e filhos etc. Foi e é na família que os conhecimentos foram aprendidos, as tradições reelaboradas e preservadas. Por meio dela, se mantêm os laços com os antigos e com o sagrado. Na família, aprende-se a ser uma pessoa de Mato do Tição. O respeito aos mais velhos que é ensinado e aprendido de geração para geração realça a importância dada aos antepassados, aos fundadores da Comunidade. O louvor aos santos, a Jesus Cristo e a Nossa Senhora perpetuam as heranças do sagrado deixadas pelos pais, mães, avós e bisavós. Os irmãos e irmãs Siqueira, cada um à sua maneira, dão continuidade ao legado deixado pelos antigos e assumem com orgulho a organização das festas religiosas, participando ativamente de todos os processos. São lideranças, acima de tudo, da tradição[19].

A importância dos antepassados também é um elemento constitutivo da cultura banto que encontra suas bases, de acordo com Santos (1996 *apud* PEREIRA, 2005), nos processos de intermediação com Deus. Por meio de um clamor do filho de um grande chefe banto, que temia por não conseguir se aproximar diretamente de Deus, o espírito de seu pai então é chamado para interceder por ele e por seu povo. Aos poucos, cada chefe adotou essa prática para se aproximar de Deus, de modo que cada família passou a ter seus espíritos ancestrais

[18] De acordo com Vainfas (1986, p. 37), durante o período da escravidão "a noção de família subordinou-se à existência da *comunidade negra*, universo aglutinante dos africanos para o convívio pessoal, núcleo de solidariedade, lazer e integração social. As injunções da escravidão reiteravam no plano da 'família', a identidade entre *comunidade negra* e *comunidade escrava.*"

[19] O termo "tradição" é colocado no contexto da forma como as pessoas de Mato do Tição se referem a ele, como sinônimo de uma cultura, uma prática religiosa ou não que existe há muito tempo, deixada pelos antepassados a qual eles devem manter e preservar, pois se constitui como a marca daquele lugar.

que, com o tempo, passaram de mediadores a entes adorados. Para Pereira (2005, p. 281), os ancestrais constituem-se como aqueles que emanam energia vital para os seus descendentes e se constituem como elo que "religa os humanos a Deus".

Nos cantos do Candombe de Mato do Tição os antepassados são invocados[20], são convidados a estarem ali presentes para transmitirem força e energia. Aos santos reverenciados, é pedida proteção e são feitos agradecimentos e louvações.

Os candombeiros reverenciam os antigos pelas narrativas, cantos, danças e preservação dos instrumentos: a puíta, o ganzá e os tambores, que no Mato do Tição recebem o nome de crivo, santana e requinta. Por meio da memória, os candombeiros recuperam os aprendizados, as práticas e as sensações deixadas pelos antigos. Recuperam experiências e histórias de luta, de resistência, de sofrimentos e alegrias.

[20] Invocar os antigos, de acordo com Pereira (2005), não significa incorporação. Para os candombeiros de Mato do Tição, é pouco comum a incorporação de algum ancestral no rito do Candombe. Isto é, quando os antigos são chamados, os candombeiros sabem e sentem que eles se fazem presentes, mas sem a incorporação. Destacam que a incorporação acontece em casos extremos, como quando um candombeiro é médium e chama muito por um ancestral, que pode ser um preto velho. Nesses casos, são feitos trabalhos para desincorporação.

CAPÍTULO 2

"SEJAM BEM-VINDOS AO QUILOMBO MATO DO TIÇÃO": A PERCEPÇÃO DO LUGAR PELAS CRIANÇAS

O perfil das crianças

Iniciei a pesquisa com um grupo de 18 crianças, 3 meninos e 16 meninas, com idades entre 2 e 15 anos, que participou das atividades iniciais do processo de coleta de dados. Em seguida, acompanhei um grupo que variou de 7 a 11 meninas, com idades entre 4 e 13 anos, e um menino de 11 anos. Posteriormente, realizei o aprofundamento de alguns temas com 7 crianças, que participaram de todas as atividades da pesquisa desde o início. Com relação ao perfil dessas crianças, foram considerados os seguintes aspectos: frequência à escola, composição familiar, participação em atividades fora da escola e da Comunidade, realização de algum tipo de tarefa doméstica, participação em projetos e oficinas dentro da Comunidade.

Frequência à escola

Apenas duas crianças do sexo feminino não frequentavam escola ou creche, por serem menores de 4 anos, faixa etária exigida nas instituições de Educação Infantil do município de Jaboticatubas. Todas as crianças estudavam em período diurno e o deslocamento para a escola é feito em ônibus escolar oferecido pela prefeitura. Apenas duas crianças sofreram retenção na segunda etapa do Ensino Fundamental.

Composição familiar

Um grupo de 4 meninas e um menino residia com os avós, uma menina somente com a mãe e as demais meninas e um menino com pai e mãe. Somente 3 meninas eram filhas únicas. Todas as crianças têm parentesco umas com as outras: são primos ou primas de primeiro ou segundo grau.

As profissões dos pais citadas foram pedreiro e caseiro para os homens, e faxineira, salgadeira, auxiliar de cozinha, doméstica, agente comunitária de saúde (ACS) para as mães. Os avós, geralmente, eram aposentados, caseiros, doceiras. Duas das mães não exerciam nenhum tipo de atividade remunerada.

Participação em atividades externas e internas à Comunidade

Onze meninas e um menino faziam algum curso, tais como, computação, violão e flauta, e participavam ou já haviam participado de projetos desenvolvidos na Comunidade, como as oficinas de capoeira, rezas, orações e músicas religiosas, percussão, teatro, concedidas pelo Ponto de Cultura. Além disso, participavam de projetos oferecidos por ONGs ou pessoas externas: teatro de bonecos, oficinas de máscaras, capoeira, teatro, dança, leitura, meio ambiente.

Realização de tarefas domésticas

Um grupo de 12 meninas e um menino colaboravam na realização das tarefas domésticas diariamente: arrumar a cozinha, arrumar a casa, cuidar dos irmãos ou primos pequenos, varrer o terreiro, cuidar da horta, molhar as plantas, lavar as roupas, fazer a comida. Além disso, duas crianças vendiam doces feitos pela avó em pontos comerciais de Jaboticatubas aos sábados.

Autoidentificação raça/cor dessas crianças

As informações sobre declaração de raça/cor das crianças de Mato do Tição foram colhidas em um grupo de 16 crianças composto por 14 meninas e 2 meninos com idades entre 5 e 15 anos. Essa coleta se deu em duas etapas. Na primeira, foi pedido para se autoidentificarem espontaneamente, e um grupo de 6 crianças se identificou como pardo, outras 6 como negro, 2 como pretas e 2 como brancas. Já na segunda etapa, a autoidentificação foi induzida considerando as atuais categorias do IBGE – preto, branco, pardo, amarelo e indígena – e 6 crianças se identificaram como pardas, 8 como pretas e 2 como brancas. Foi surpreendente a presença da definição parda em ambas as etapas, uma vez que essa categoria não é de fácil aceitação pela maioria dos brasileiros.

Não foram colocadas às crianças questões sobre o que entendiam dessas categorias, pedindo-se apenas que se autoidentificassem. Não se tratava de aprofundar tal temática, o que demandaria um tempo investido muito maior. No entanto, considero importante apresentar uma sucinta discussão a respeito do processo de classificação raça/cor no Brasil, na tentativa de compreender melhor as declarações dessas crianças envolvidas na pesquisa.

De acordo com o IBGE 2008[21], tais categorizações, feitas do modo como são hoje, datam do ano de 1990 e foram instituídas por ocasião do Censo Demográfico daquele ano, ao qual foi incluída a categoria "indígena". Ou seja, a classificação, que até então se dava pela cor do indivíduo, passou a englobar também a etnia.

Anteriormente, desde 1872, existia a categoria "caboclo", que incluía os indígenas. Em 1890, "mestiço" substitui a categoria "pardo", que voltou depois, em 1940. A categoria "amarelo" foi incluída também em 1940, devido ao grande fluxo de imigração de asiáticos. Se a categoria "pardo" foi a que mais sofreu oscilações ao longo dos anos, é também ela a que mais recebe

---

[21] Disponível em: <http://www.ibge.gov.br/home/estatistica/populacao/caracteristicas_raciais/notas_tecnicas.pdf>. Acesso em: 20 mar. 2013.

rejeição por parte da população brasileira, que utiliza costumeiramente "moreno" – com seus diversos complementos, "claro", "escuro", "café com leite", "jambo" etc. – para definir o que seria justamente o mestiço.

No Brasil, estamos longe de um consenso a respeito do sistema de classificação por cor, seja entre a população comum, seja entre os pesquisadores e estudiosos da questão. Em situações nas quais são solicitadas a autoidentificação espontânea, registram-se casos de atribuição de mais de 100 tipos de denominações diferentes. Estudiosos como Rosemberg e Piza (1998), Osório (2003) e D'Adesky (2001) chegam a questionar as categorias do IBGE, por considerarem que elas não retratam fielmente a realidade de autoidentificação dos brasileiros. As principais questões recaem sobre a categoria "pardo"[22], como já dito, a de mais difícil aceitação e delimitação em nosso país. Devido ao processo multifacetado das relações raciais no Brasil, o sistema de identificação étnico-racial é ambíguo, vago e não se limita exclusivamente à cor da pele, mas a um conjunto de características físicas e de posição social. Nesse sentido, Guimarães (2011, p. 266) analisa o termo *cor* no imbricado contexto de operacionalização do conceito de raça no Brasil.

> O termo cor substituiu o de raça, mas deixou à mostra todos os elementos das teorias racistas; cor, no Brasil, é mais que cor da pele: na nossa classificação, a textura do cabelo e o formato de nariz e lábios, além de traços culturais, são elementos importantes na definição de cor (preto, pardo, amarelo e branco).

O autor chama a atenção, no entanto, para o que denomina de *processo de reclassificação racial*, fenômeno que registra

[22] A palavra "pardo" vem do latim *pardus* e do grego *pardo* e quer dizer "leopardo". Para o termo, também foram encontrados os seguintes significados: "que tem o tom terroso", "marrom", "mestiço de branco com negro", "brown", "o mesmo que mulato".

a queda paulatina do número de pessoas que se autodeclaram brancas e subindo o número daquelas que se declaram pretas, pardas e amarelas, bem como dos que se autodeclaram (autodeclaração não induzida) morenos e seus "gradientes" (claros, escuros etc.). Guimarães (2011, p. 269) supõe que está em curso uma renúncia à branquitude por parte dos brancos de pele menos clara, o que atribui aos movimentos de afirmação da identidade afro-brasileira: "[...] tal renúncia não poderia ser feita se fatores como origem familiar (seus antepassados), ou sua tradição cultural, não ganhassem importância na construção da identidade racial de cor sobre ideais de embranquecimento."

Ainda segundo Guimarães, a recente substituição da denominação raça por cor da pele nos discursos acadêmicos, jornalísticos e no senso comum está presente tanto no Brasil quanto nos Estados Unidos e na Europa, ao mesmo tempo que assistimos ao aumento por aqui dos que se identificam como "não brancos", destituindo de valor os sistemas de classificação racial que enfatizam os traços físicos e a posição social das pessoas. Ganha terreno a denominação cor da pele, usada no discurso que se refere à epiderme e sua tonalidade. No entanto, ao desconsiderar as demais questões associadas às desigualdades raciais, corre-se o risco de cair em uma teoria individualista. Ao contrário do termo negro, por exemplo, ressignificado pelo movimento negro e que se refere não somente à cor da pele mas também a um conjunto de aspectos histórico-culturais e étnico-raciais, e que diz respeito a um coletivo e não ao indivíduo apenas.

Tomando-se cor como uma realidade natural, objetiva e individual e descartando o uso analítico e político do termo raça, instaura-se uma estratégia discursiva em que, como "antídoto ao racismo e [...] afirmação da cor como uma realidade natural e objetiva [...], raça seria apenas um produto da imposição de uma linha de cor" (GUIMARÃES, 2011, p. 271). Escamoteia-se mais uma vez as condições de vida daqueles que não têm a cor da pele branca, esvaziando o discurso político dos movimentos sociais negros que postulam a utilização do termo raça como uma ferramenta na luta contra o racismo. Nos dizeres de Guimarães (2011, p. 266):

> São os movimentos sociais de jovens pretos, pardos, mestiços, profissionais liberais, estudantes que retomaram o termo, para se afirmar em sua integridade corpórea e espiritual contra as diversas formas de desigualdade de tratamento e de oportunidades a que estavam sujeitos no Brasil moderno, apesar – e talvez *pour cause* – da democracia racial.

É nesse contexto de mudanças na forma como a população brasileira se identifica em relação à cor/raça que pretendemos situar a autoidentificação das crianças de Mato do Tição. Apesar do número reduzido de pesquisas sobre essa temática e perfil, Trinidad (2011) ressalta que elas foram realizadas principalmente nos Estados Unidos a partir da década de 1950 e concluem que: a) crianças a partir de 3 ou 4 anos de idade já conseguem fazer diferenciações quanto à identificação étnico-racial; b) logo após essa idade, as crianças já reconhecem sua pertença racial; c) por volta dos 7 anos elas já reconhecem a pertença racial de membros de outros grupos; e d) é aos 10 anos que suas características raciais são imutáveis.

Quando perguntadas sobre qual era a sua cor, a maioria das crianças de Mato do Tição respondeu rapidamente à questão se identificando como preta e ou negra. Olhavam para a pele do seu braço e diziam: "Preta, né?" Uma das meninas que se identificou como branca, ao responder, disse: "O povo fala que eu sou branca." A outra menina que se identificou como parda, por sua vez, disse: "Parda, porque amarela eu não sou."

Esse não titubear, contudo, não é muito comum entre adultos e crianças. Em relação às crianças, pesquisas demonstraram que elas normalmente apresentam dúvidas e hesitação para responderem à questão da cor, se utilizando de subterfúgios para as respostas. Fazzi (2004) constatou, em pesquisa realizada em duas escolas públicas de Belo Horizonte, que as crianças tiveram dificuldades de identificar sem ambiguidades a sua cor. Destaca que, nos casos das crianças brancas, essa dificuldade foi bem menor. Segundo a autora, as crianças não brancas lançaram mão de vários termos denominatórios raciais, orientando-se principalmente pelo princípio da gradação da tonalidade de cor da pele, "o que faz com que uma pequena diferença de tom seja ressaltada" (FAZZI, 2004, p. 72), demonstrando o desejo de fugir ao enquadramento na categoria de pretas ou negras. Algumas das categorias identificadas foram "moreno", "marrom-escuro", "marrom-claro", "moreno-claro", "moreno-escuro", "claro", "escuro", "preto claro", "preto bem escuro", "negro", "índio", "mulata" e "misturada". Convém salientar que tal pesquisa foi realizada há pelo menos 10 anos e que de lá para cá houve, como já mencionado, um relativo crescimento do número de pessoas que se autodeclararam não brancas.

Quero com isso apontar que as crianças de Mato do Tição fazem parte desse processo de reclassificação racial e se posicionam com mais precisão quanto à sua cor, supondo que um dos fatores para isso se deve ao fato de serem contemporâneas ao momento em que tais questões são mais abordadas. Essas crianças estão sempre ouvindo, em seu cotidiano, os termos *afro-brasileiro, negro, afro, cultura negra, consciência negra, movimento negro*, presentes nas conversas sobre a origem da Comunidade, nos discursos por ocasião de alguma festividade – como a da Consciência Negra –, na história contada sobre os Reis Magos, nos documentos da Associação Quilombola, nas falas de visitantes – principalmente daqueles que desenvolvem algum projeto sobre e na Comunidade. Durante a realização da oficina de capoeira, por exemplo, o professor conta histórias sobre a capoeira e sua origem com os escravizados, ressaltando a associação direta com a cultura negra. A fala de uma menina, Keezy (7 anos), durante uma conversa sobre essa questão mostra que o assunto é abordado em família:

> K – Eu gosto da minha cor negra é porque ela é muito bonita. Eu perguntava assim porque a gente é branca... e

> nós não é, aí mamãe falou assim comigo: "Deus te criou do jeito que ocê é, agora cê tem que olhar a belezura dos outro pra querer ser? Aí eu pensei nisso e comecei a gostar. As pessoas tinham um cabelão, eu queria ter um cabelão, e aí eu falava que ia passá um trem pro meu cabelo ficá grandão, aí eu gosto do meu cabelo, meu sonho é que meu cabelo cresça e eu virar uma artista.
>
> P (pesquisadora) – Quem te ensinou a gostar de você?
>
> K – Foi mamãe, vovó, vovô e assim... as outras crianças que fala que quer ser eu.

Vemos que a afirmação de uma identidade negra positiva é tecida no interior da família e da Comunidade, e o que chamou a minha atenção foi o fato de a menina conseguir perceber que, ao se achar bonita, as outras crianças acabam querendo ser igual a ela. Essa situação é no mínimo inusitada, diante dos dolorosos processos de construção da identidade negra aos quais as meninas negras estão expostas. Partindo do que antes era o desejo de ser branca e ter cabelo liso, a menina Keezy constrói um discurso de orgulho de ser como é.

As próprias crianças alegaram que a Comunidade é constituída majoritariamente de pessoas negras. Talvez, também, o fato de vivenciarem um momento de valorização cultural da identidade étnica da Comunidade, valorização associada diretamente à sua origem negro-africana, possibilita certa tranquilidade às crianças para se identificarem sem subterfúgios. O orgulho de pertencer à Comunidade Quilombola de Mato do Tição já faz parte do discurso delas, e podemos ver isso na fala de Ayana: "Eu tenho orgulho de ser daqui, não quero sair daqui nunca." Essa construção do orgulho de fazer parte de sua Comunidade também foi observada por Paula (2014) entre as crianças quilombolas com as quais teve contato ao longo de sua pesquisa. Por meio dessa construção do pertencimento ao Quilombo e dos processos de afirmação de identidade presentes em suas vidas em comunidade é que essas crianças encontram estratégias para reagirem às situações de preconceito vivenciadas por elas nas escolas.

CONHECENDO O QUILOMBO PELO OLHAR DAS CRIANÇAS

Em um dos meus primeiros contatos com as crianças de Mato do Tição, elas estavam preparando cartazes para colocar no Bar do Ley por ocasião da Festa da Consciência Negra, em 2012. Naquele fim de tarde, a Comunidade estava envolvida na organização dessa festa, providenciando fichas para a venda de alimentos, varrendo o terreiro em volta da capela e se divertindo com os ensaios do grupo de Boi da Manta da Lapinha.[23]

Na casa de Kênia (13 anos), ela estava às voltas com a feitura de um cartaz. Os dizeres "Bem-vindo ao Quilombo do Mato do Tição!" logo me chamaram a atenção, justamente por estarem participando da organização da festa e apresentando, em forma de cartaz, o seu lugar para os visitantes: ali era o Quilombo do Mato do Tição, ao qual pertenciam. Esse episódio me levou a muitos questionamentos sobre como as crianças da Comunidade percebiam e se apropriavam do lugar em que viviam. Circulavam por todos os espaços? Conheciam todos os moradores, suas casas e quintais? Destacavam algum local em especial? Do que mais gostavam no Quilombo? Sabiam o porquê de ali ser um Quilombo?

A partir dessas primeiras indagações, dediquei-me a pensar metodologias que pudessem captar a interação das crianças com o lugar e as pessoas e suas percepções sobre o espaço. Juntos, então, realizamos uma atividade exploratória para colher algumas impressões das crianças sobre o Mato do Tição: essa atividade foi o abecedário. Em seguida, pedi para que fizessem desenhos mostrando o lugar e o que mais gostavam nele. As atividades com desenhos foram recorrentes. As crianças, principalmente as menores, requisitavam papel e lápis para desenharem. Após os desenhos, realizamos um passeio – seguido de piquenique – pela

[23] Lapinha é um bairro de Lagoa Santa, cidade próxima a Jaboticatubas.

Comunidade com um grupo de 18 crianças (4 meninos e 14 meninas). Elas contaram histórias que tinham alguma ligação com o lugar em que viviam, e algumas dessas histórias vieram a compor um livro de tecidos feito pelas próprias crianças.

Portanto, os dados apresentados e analisados aqui resultam do uso de diversas metodologias, tais como desenho livre, desenho direcionado, abecedário, passeio pelo quilombo, entrevistas, conversas informais e observação participante. No decorrer das análises, detalharei algumas dessas metodologias utilizadas e produzidas diante da necessidade existente de captar as vozes das crianças sobre a compreensão que têm do lugar onde vivem.

DE QUE "LUGAR" ESTAMOS FALANDO?

> O lugar é onde estão os homens juntos, sentindo, vivendo, pensando, emocionando-se (**Milton Santos**).

O conceito de lugar aqui expresso foi tomado de vertentes da Geografia Humanística e Cultural e da Geografia Crítica. Nesses campos teóricos, a perspectiva de lugar é associada aos processos de relação e interação existentes entre as pessoas e o espaço. E aqui não se trata do espaço de grandes escalas, mas dos microespaços compreendidos como espaços vividos. Essa perspectiva do lugar como mundo em que se vive implica considerar as experiências das pessoas e suas relações cotidianas em relação ao lugar em que vivem. Portanto, o lugar é um produto das experiências pessoais e coletivas, vividas histórica e cotidianamente. Essas experiências com o lugar são perpassadas por dimensões culturais, simbólicas, políticas e sociais. Cada lugar será carregado de identidade na medida das ações humanas em seus processos de interação com o meio e com as pessoas. O lugar, então, vai ganhando identidade, pois as pessoas vão conferindo significados a ele. De acordo com Moreira e Hespanhol (2007), o lugar seria o centro de valores indispensáveis à construção da nossa identidade. Mas o lugar na perspectiva crítica não pode ser capturado apenas como mundo em que se vive e as relações internas a ele.

Milton Santos (2005) complementa essa perspectiva imprimindo um caráter de dinamicidade ao lugar, acrescentando-se ao cotidiano a relação dialética do global e do local, do novo e do velho. Movimentos internos e externos vão escrevendo histórias, culturas, lutas, resistências, sobrevivências e delineando a identidade do lugar. O lugar modifica o mundo, sendo também modificado por ele. Para Santos (2005, p. 158): "É o lugar que oferece ao movimento do mundo a possibilidade de sua realização mais eficaz. Para se tornar espaço, o mundo depende das virtualidades do Lugar." E é sob essa perspectiva que a ideia de *lugar* se apresenta mais pertinente para com a forma como as crianças de Mato do Tição constroem e interpretam o espaço em que vivem. O território quilombola será tratado aqui segundo a noção de lugar apresentada da perspectiva das crianças.

As crianças de Mato do Tição apropriam-se do seu lugar movidas pelas dinâmicas internas e externas a ele. Do Candombe ao funk, das rezas do terço ao forró, do lugar de negro discriminado ao orgulho de ser do Mato do Tição, da tranquilidade do "lugar-lar"[24] ao medo da violência da "rua"[25]. Na visão miltoniana, esse *lugar* expressa cooperação e conflito, permanência e mudança, criação e recriação das dinâmicas impostas pelas forças internas e externas do mundo. Nostalgia e constatação do imponderável provocado pelas mudanças que, na perspectiva dos mais velhos Comunidade, vêm de fora: "No meu tempo a gente brincava, dançava, tudo com respeito. Não tinha essa mortandade de hoje, essa violência que a gente vê por aí, no mundo aí fora" (Dona Bina, 78 anos).

---

[24] A metáfora do lugar como lar é trazida por Mello (2011), que toma "lugar" como local de aconchego, intimidade, segurança.

[25] O termo "rua", para as pessoas do Mato do Tição, é usado como correspondente ao centro de Jaboticatubas e suas imediações.

Na dinamicidade do lugar, o mundo vivenciado pelas pessoas é também modificado pelos movimentos dele mesmo. Veremos como as crianças dizem das coisas boas e tristes de Mato do Tição, como reconhecem os lugares do sagrado e do profano, como interagem com a natureza, como significam as mudanças e as diferenças em comparação a outros lugares e como percebem as marcas da identidade quilombola.

O MATO DO TIÇÃO EM PALAVRAS ESCRITAS, PALAVRAS FALADAS E DESENHOS

> Eu gosto de ser daqui, tenho orgulho, não quero mudar daqui nunca. Minha família é toda daqui, é o lugar mais gostoso do mundo *(Ayana, 11 anos).*

O Mato do Tição, para as crianças que nele vivem, é um bom lugar para se morar. Elas destacam fatores como a convivência com a família, as festas e a cultura como elementos importantes e representativos do Quilombo, percebem e nomeiam conflitos e movimentos de mudança que ali acontecem. As crianças maiores falam das diversas possibilidades de vivenciarem a infância estando inseridas em uma comunidade considerada tradicional e, ao mesmo tempo, vivenciarem experiências comuns às que crianças de qualquer outro lugar vivenciam, como as redes sociais e o uso de celulares, por exemplo.

As metodologias utilizadas para captar as *vozes* das crianças sobre Mato do Tição foram sendo desenvolvidas à medida que os temas emergiam durante o processo de estadia em campo. Abecedário, entrevistas, conversas informais e direcionadas, desenhos e passeio pelo Quilombo revelaram a familiaridade com o lugar, as pessoas, a paisagem, a tradição, os conflitos, os medos, as histórias.

Abecedário: palavras escritas sobre o Mato do Tição

Tive contato com a técnica do abecedário em um projeto assessorado pela organização Observatório de Favelas.[26] Essa técnica pode ser utilizada em vários contextos e tem como objetivo captar as impressões dos participantes sobre um lugar, um espaço, uma instituição etc. É inspirada no abecedário do filósofo Gilles Deleuze, que, nos anos de 1988 e 1989, concedeu uma série de entrevistas a Claire Parnet, uma jornalista francesa, nas quais discorre sobre 25 tópicos em ordem alfabética. A série foi exibida em um programa de TV da França, entre 1994 e 1995, e publicada posteriormente no livro *L'abécédaire de Gilles Deleuze.*

No abecedário realizado com as crianças de Mato do Tição, elas teriam que escrever para cada letra do alfabeto português uma palavra que as remetessem à Comunidade de Mato do Tição. Ao todo, 15 crianças participaram da brincadeira – 3 meninos e 12 meninas, com idades entre 5 e 15 anos. As palavras foram agrupadas em dois grupos, que expressam as percepções delas sobre Mato do Tição: 1) sentimentos, virtudes, valores e situações; 2) marcas da identidade do lugar, como festas, ritos, comidas, animais, danças, pessoas, instrumentos, construções, danças, conforme o quadro a seguir.

Abecedário do Quilombo Mato do Tição

Sentimentos, valores, virtudes e situações	Marcas da identidade do lugar
Amor, amizade, alegria.	
Bom, bondade, bagunça.	Brincadeira, brincadeiras de criança.
Caridade, carinho, companheirismo.	Candombe, casa, cachorro.
Esperança, especialidade, educação.	

[26] Organização situada no Complexo da Maré, na cidade do Rio de Janeiro, o Observatório desenvolve trabalhos com a juventude envolvendo artes, articulações sociais e projetos educativos.

Sentimentos, valores, virtudes e situações	Marcas da identidade do lugar
Felicidade, fé.	Família, fogueira.
Gentil, guerreiros, generosidade, gentileza, gostos.	Guaiá, galinhas, galera, gato, Gabriela.
Humildade, habilidade, harmonia, honesto.	Homens, homens trabalhando
Inteligência, importância, inspiração, ignorância.	Igreja
Jeito jovem.	Jovens, juventude, jabuticaba, Júlia Eduarda, João
	Kaíke, Kauã, Karina, Kátia
Legal, lindo, lazer, lindeza.	Levantar bandeira, laranja, livros, Larissa, Laura, Luan.
Maravilhoso	Mayra, Mareny, maracujá, macaco, Mato do Tição, Matição, mato, mês de Maria, macarrão
Novidade, nascer	Nascente, negro, Natal, Nilzélia.
Orgulho, opinião, oportunidade, orientação, obediência	Ovo, onça, "oropronobe" (oro-pro-nóbis), oração.
Paz	Pagode, panela de barro, pato, Patrik, pé de laranja, pessoa.
Querido	Queijo, quibe
Riso	Rato, ruas, roda-roda, Rayssa.
Sorriso, saúde, sorriso, sonho.	Sapo, samba, sino.
Tesão, tradição, tolerância.	Tatu, tradição, tambor, telha.
União.	Urubu, uva.
Verdade, vida, "valoridade".	Vaca, veado, vaso de flor, violão.
	Wanderson
	Ygor.
Zeloso.	Zé, Zélia, Zenildo, Zeca

Fonte: *Caderno de Campo*

A maioria das palavras expressas no primeiro grupo é positiva e destaca valores como união, companheirismo, caridade e honestidade, sendo "ignorância" e "bagunça" as únicas que carregam certa negatividade. Algumas palavras foram muito repetidas, tais como "união", "alegria", "felicidade", "paz" e "amizade" e "fé".

Quanto ao segundo grupo, é expressiva a presença de palavras que denotam relação com a cultura local, como "tradição", "tambor", "guaiá", "sino", "violão", "Candombe", "negros", "samba", "música", "dança", "mês de Maria", "oração", "família". Há também aquelas associadas à natureza, plantas e animais. Nomes próprios também foram citados com frequência, alguns até muito repetidos, são nomes de crianças e de parentes como tias, primos e avós. As comidas não foram esquecidas, como o doce de leite, o queijo, o ora-pro-nóbis, a jabuticaba, a laranja etc. De fato, o abecedário das crianças demonstra a familiaridade delas com o lugar em suas mais diversas dimensões. Elas conseguiram exprimir uma compreensão múltipla de Mato do Tição no que se refere às coisas vividas e àquelas que dão sentido às suas existências.

A partir de outros instrumentos metodológicos, o que foi apresentado no abecedário foi revelado também nas entrevistas, nas conversas informais, nos desenhos e no passeio pelo Quilombo. As crianças conhecem e interagem com o lugar em que vivem de forma dinâmica, atribuindo significados diversos às múltiplas dimensões do viver em comunidade em um território marcado por simbolismos com os quais convivem desde cedo. Mato do Tição é um lugar incorporado pelas crianças: elas *são* inteiramente desse lugar.

Falando sobre o Mato do Tição

As entrevistas[27] foram realizadas em três etapas. A primeira se ateve a um grupo de 8 meninas e um menino, com idades entre 6 e 11 anos. Os temas versaram sobre brincadeiras, o que sabiam sobre o Mato do Tição, o que aprendiam, como e com quem aprendiam, do que mais gostavam, as festas preferidas e as histórias que sabiam sobre o lugar. Já na segunda etapa foram realizadas entrevistas com 3 meninas, com idades entre 10 e 13 anos. Por fim, na terceira etapa, foram selecionadas 3 meninas e o menino do primeiro grupo, com idades entre 7 e 11 anos, para aprofundar alguns temas da primeira entrevista e se lançar sobre outros questionamentos que foram emergindo no processo de observação participante: Elas sabiam que ali era um quilombo? Se sim, o que era um quilombo? Elas tinham sofrido algum tipo de discriminação? Se sim, como reagiram? Do que elas gostavam e do que não gostavam em Mato do Tição?

Convém chamar a atenção para o fato de que, do total de 12 crianças entrevistadas, 11 eram meninas e apenas um menino. Apesar haver mais meninos na Comunidade – em algumas atividades tínhamos de 4 a 5 participando, como no abecedário, no passeio e nos desenhos –, nas entrevistas e conversas direcionadas só foi possível contar com a participação de dois deles. Isso porque, à

[27] As entrevistas foram gravadas e, antes de iniciar as gravações, perguntei a cada criança se eu poderia gravar as suas falas com o uso do gravador ou do celular, em algumas situações. Algumas ficaram um pouco tímidas no começo, mas a maioria falou com desenvoltura. Ao final das entrevistas, me pediram para ouvir alguns trechos de suas falas. Algumas também pediram o gravador para brincar de fazer entrevistas com outras crianças e adultos. Em um caso, após a realização de duas entrevistas, uma menina pediu para ser entrevistada novamente em um lugar mais calmo, pois da vez anterior havia uma movimentação de pessoas e ela achou que havia atrapalhado. Realizamos a terceira entrevista retomando pontos da primeira e da segunda, acrescentando outros. Esse conjunto de entrevistas revelou uma riqueza de reflexões sobre vários temas, tais como aprendizagens, a cultura de Mato do Tição, as histórias ouvidas, as discriminações sofridas e as reações elaboradas. Posso dizer que essa menina de 7 anos foi capaz de elaborar uma percepção e uma visão muito complexas do lugar em que vive.

época, os meninos eram muito pequenos, com idades entre 2 e 4 anos, e o mais velho, de 13 anos, não demonstrou muito interesse em continuar participando da pesquisa.

As conversas direcionadas foram realizadas com um grupo de 5 meninas. Apresentei imagens (fotos e vídeos) sobre alguma festa ou celebração e solicitei que identificassem cada uma e contassem o que sabiam sobre elas. Nesse caso, foram conversas sobre a *Encomendação das Almas, Folia de Reis* e o Candombe. Já as conversas informais versaram sobre os mais variados temas e contavam com a participação de muitas crianças, conforme a ocasião. Eram conversas em grupos pequenos ou até mesmo individuais, duplas e algumas vezes com adultos presentes, que vez ou outra emitiam alguma opinião. Muitas partiram espontaneamente das crianças, que queriam contar sobre algum evento em particular, como uma festa, oficina, comidas, partidas de futebol, passeio que realizariam, o retorno do pai para a casa, o cabelo etc. Também me faziam perguntas sobre o meu trabalho, sobre o andamento da pesquisa,[28] se eu participaria da próxima festa, onde eu morava, minha idade, o porquê de ficar escrevendo o tempo todo etc.

O nome Mato do Tição

A origem do nome da Comunidade tem duas versões que circulam entre as crianças. Elas mesmas contam uma ou outra e se posicionam quanto à história que julgam mais correta ou possível de ter acontecido. As histórias contadas pelas crianças, ouvidas de seus avós, coincidem com aquelas registradas nas pesquisas e nos livros sobre Mato do Tição.

> Fala assim... vovô e vovó falava que o povo ia passá no mato, e acendia o tição pra ilumina, aí o tição caiu, queimou o mato e aí ficou "Mato do Tição". Aí tem gente que fala que o tição não queimou mato nenhum, só tinha o tição mesmo e ficou "Mato do Tição", pra iluminar o ca-

[28] Nesse caso, perguntavam assim: "E o livro que está escrevendo sobre nós?"

> minho pra não ficar escuro. Eu acho que a história certa é a que não queimou o mato. Porque uma vez vovô queimou o mato pra fazer carvão e naquela época se tivesse queimado não teria mato nenhum não, tinha queimado tudo *(Enan, 11 anos).*
>
> A história do Matição... minha bisa falou que o povo antigo colocou fogo no mato e aí pegou fogo num toco grosso de árvore e ficou queimando muito tempo e ficou igual carvão aquele tição iluminando *(Kele, 9 anos).*
>
> Era por causa da lenha acesa de noite que começaro a chamá nós do povo do mato do tição. A gente fazia uma fogueira grande para alumiá. Quando a gente trançava de noite, prum lado e pra outro, de longe dava pra vê a luz do tição brilhano no mato, o tição que a gente banava. O tição no mato virô Mato do Tição *(Dona Nilse, avó de Enan e tia-bisavó de Kele).*
>
> Aqui era uma mata, que num tinha estrada. Nós navegava num trizinho que só cabia o pé, nem estrada de cavalo direito era. Era uma mata fechada, num existia luz, nem de querosene. Usava candeia, usava o mesmo tição. A mata pegô fogo, aí quemô, quemô, quemô e ficô o tição aceso aí pra muito tempo. Muito tempo ficô esse tição aceso. Ele quemô tanto, e ficô aceso quemano e ficô o nome Mato do Tição *(Dona Divina, 82 anos, tia-avó de Enan e tia-bisavó de Kele).*[29]

Vemos que as duas versões contadas pelas crianças são também contadas pelos mais velhos. O tição aceso ou o tronco grosso queimando durante dias seguidos passou a ser a marca do lugar. O lugar onde havia um tição, um tição no mato queimando, um tição no mato iluminando. A maioria das crianças sabe contar as histórias da origem do nome de Mato do Tição, mesmo as bem pequenas. Geralmente, as pessoas que visitam

[29] Essa questão foi em parte solucionada com a colocação de um pequeno trecho de asfalto na rua da Comunidade.

o lugar fazem essa pergunta para elas, que costumam ouvir as histórias contadas por seus parentes quando esses dão depoimentos ou entrevistas.

Aqui é um quilombo?

A palavra *quilombo* não é desconhecida das crianças e circula atualmente com mais frequência na boca dos adultos, lideranças da Associação e pessoas que desenvolvem projetos na Comunidade, que sempre se referem ao lugar como um quilombo. O termo consta, inclusive, no nome da associação – Associação Quilombola de Mato do Tição –, nos documentos e relatórios emitidos pela instituição e nos discursos das pessoas de fora e de dentro da Comunidade. Duas placas, como já citado, trazem ainda o termo: uma na entrada da estrada que liga o centro de Jaboticatubas ao Mato do Tição, com a inscrição "Comunidade Quilombola de Mato do Tição", juntamente às insígnias dos governos federal e estadual e do município de Jaboticatubas; e outra na porta da casa de Dona Divina, uma das matriarcas, talhada em madeira com a inscrição "Quilombo do Mato do Tição".

Ao serem perguntadas se sabiam o que era um quilombo, algumas crianças responderam:

> "Ah... quilombo é uma cidade assim... que ela é de preto."
>
> "Lugar de escravos fugidos."
>
> "Comunidade de pessoas negras."
>
> "Lugar que tem muitos negros."

Já quando perguntadas sobre por que ali era um quilombo, algumas disseram:

> "Essa cidade é muito legal e tem cara de ser quilombola, por causa que... das atividades muito legal. Tocar Candombe, cantar em folia, dia do Judas assim, então..."

> “Que eu vi lá na placa, cidade quilombola do Matição.”
>
> “Porque tinha muitos escravos que fugiram pra cá.”
>
> “Porque aqui tem muita cultura.”
>
> “Porque aqui é uma comunidade.”
>
> “Perto da casa do Tio Vando, depois do asfalto, tem a placa do Quilombo do Matição, é o início do quilombo.”

Paula (2014, p. 179), tratando dos processos identitários das crianças quilombolas de Santa Catarina, refere-se à importância do pertencimento dessas crianças ao seu lugar e a tudo aquilo que ali é compartilhado de forma coletiva: “[...] o lugar que elas vivem não é transitório, é vivido cotidianamente porque toda a gente se conhece e isso faz com que criem laços e raízes afetivas, especialmente quando essas vivências são entremeadas de brincadeiras coletivas.” As crianças de Mato do Tição demonstram esse laço afetivo com sua Comunidade quando, em tom de orgulho, vão listando as diferenças entre lá e as demais comunidades.

Quando perguntadas sobre o que tinha de diferente no Mato do Tição que não havia nos outros lugares, as crianças quase que unanimemente fizeram referência aos marcadores identitários, tais como as festas, o Candombe e as celebrações, acrescentando outros componentes como aula de capoeira, aula de violão, fé e muita cultura.

> “Reza de São João, reza de maio, mais fé.”
>
> “Capoeira, teatro, festas de São João, Cruzeiro, reza de São Pedro, maio de coroação.”
>
> “O Candombe, a fogueira, a reza do cruzeiro, a festa de São João.”
>
> “Muita coisa. É tudo diferente. Lá em Jabó tem carro trançando pra lá e pra cá e aqui não tem, aqui tem rio e

> lá não tem, lá tem um córrego sujo, poluído. Lá os cara bebe e sai caindo, aqui os cara bebe e não cai. As festas tem... aqui tem festa e lá pra eles festa é cachaça, aqui tem reza, música e lá fora é só bebida."
>
> "Aqui tem muita cultura."

As referências a coisas positivas dizem respeito às brincadeiras, à família, à convivência com os parentes, às festas, às comidas e às músicas das festas. Para as outras gerações, as festas são consideradas muito boas, assim como os bailes que atravessam a madrugada e promovem a união do povo.

A consciência da identidade enquanto criança em Mato do Tição é muito forte entre as próprias crianças. A compreensão de que são quilombolas aparece como um discurso que é fruto de várias vivências que giram em torno dessa identidade, que pode ser considerada recente no interior da Comunidade.

A utilização do termo "quilombola" dentro de Mato do Tição acompanha o processo nacional de reconhecimento das comunidades remanescentes de quilombo pelo Estado brasileiro. Na esteira desse processo estão as ONGs, as universidades, os pesquisadores das mais diversas vinculações. Aos poucos, essa identidade vai sendo incorporada e tecida entre as pessoas de Mato do Tição, conferindo-lhe um lugar de visibilidade, confirmado pelo interesse de pesquisadores.

A identidade quilombola vai sendo incorporada e negociada, principalmente por aqueles que têm maior engajamento político. No caso de Mato do Tição, o reconhecimento representa a possibilidade de terem a titulação das terras e recuperarem muitos dos hectares perdidos para sitiantes e fazendeiros ao longo do tempo, assim como verbas para a execução de projetos destinados principalmente à preservação cultural e melhorias da infraestrutura local. Outros direitos, como verba especial para o município com estudantes quilombolas nas escolas e direito a uma Educação ancorada em princípios que valorizam e incorporam no currículo a história e a cultura quilombola e afro-brasileira, ainda não são do conhecimento da maioria dos seus moradores.

As crianças vivenciam, assim, todo esse processo e, aprendendo com a escuta dos mais velhos e com os projetos desenvolvidos na Comunidade, vão criando suas formas de compreensão do que é ser quilombola. Nas palavras de Ayana (10 anos), "ser do Mato do Tição é bom demais!"

Os aspectos negativos foram relatados apenas por algumas crianças, que citaram a desunião que às vezes acontece, a morte de pessoas queridas, o desrespeito com a natureza por parte de pessoas de fora e o barro na rua quando chove.[30] Em sua maioria são questões não associadas a coisas materiais, com exceção do barro na rua. Por outro lado, pessoas de outras gerações falaram das dificuldades existentes para a sobrevivência, o trabalho exaustivo, as dificuldades em conseguir recursos financeiros, a interrupção dos estudos, a falta de água encanada e energia elétrica etc.

As crianças vivem uma nova fase, principalmente no que se refere às condições materiais e oportunidades de conclusão dos estudos. Algumas já mencionam o desejo de entrar em uma universidade e construir uma carreira em medicina, contabilidade, advocacia, canto etc. Um menino fez reflexões sobre algumas mudanças ocorridas desde o início de minha pesquisa, em 2012, até a última conversa que tivemos, em janeiro de 2015. Após um comentário de que já havia se passado 3 anos da minha primeira visita ao Quilombo, ele falou:

> Ah! Então deixa eu ver o que mudou, o que tá diferente de 2012... O que mudou... chegou água da Copasa, não é tratada não; é do poço, não é mais da cisterna; colocou calçamento,[31] quando chove não pega barrela mais; colocou

[30] A prefeitura instalou um poço artesiano que abastece toda a Comunidade. Esse abastecimento era feito anteriormente com a água do córrego e depois por meio das cisternas.

[31] O calçamento vai do pátio em frente à Capela até o Bar do Ley.

> asfalto; pintou a igreja; colocou toldo pras festas, quando chove não tem problema, as mulhé não estraga os cabelo, que gasta fortuna pra alisar porque o cabelo é ruim. Tem mais coisa: o Galo ganhou a Libertadores, ganhou campeonato mineiro [risos] *(Enan, 11 anos).*

Já os mais velhos, ao relembrarem o seu tempo de infância, trazem lembranças de muitas dificuldades.

> Era muito ruim, muito ruim... na minha casa, nós ficava, quando tava chovendo, nós ficava encoído, na hora de dormi nós ficava encoído, pois chuvia na cama, pelejava pra tampá, mas não tinha jeito, tava pingando assim na cama e nós encoía assim pro lado que não chovia, sentava até em cima de um travesseiro esquisito e puxava a coberta pra nós durmir um sono, foi brabo mesmo, foi brabo. Mas todo mundo tinha alegria, tinha alegria, ninguém xingava uns aos outros porque um tava melhor do que o outro. Tava tudo uma coisa só mesmo. Passei por tudo ruim, mas tô aí alegre assim mesmo. Tocou eu danço, a perna tá doendo, o corpo tá tudo doendo, mas não tem problema, depois tudo melhora, eu lá vou assim, não tem tempo ruim pra mim não. Deu pra trabaiá nós trabaia, deu pra dança nós dança, deu pra cantar nós canta e não tem raiva assim não, criei meus menino desse jeito, e eles obedece muito bem, o que tá aí, os que foi... *(Dona Bina, 78 anos).*

> Ah! Quando eu era menina eu trabalhava desde 7 anos pra comprar material de escola, não ganhava nada não, eu tinha que trabalhar e comprar. Eu trabalhava na casa dos otro e ganhava três e cinquenta por dia e comprava minhas coisas. Hoje tá muito melhor, as crianças têm muita coisa boa, tem mais oportunidade *(Luíza, 30 anos).*

> A vida de primeiro era muito difícil. Tinha que buscar água no córrego, nas latinhas pra lavar vasilha, fazer as coisas. A gente ficava com vontade de ter um banhei-

> ro dentro de casa, mas ficava pensando que tinha que tê energia, água encanada e pensava que nunca ia conseguir. Eu falo pros meu menino "Agradece a Deus", as coisa era muito ruim, só cozinhava na lenha, não tinha esse negócio de gás não, a vida era muito difícil e o povo mais véio falava que era o salário que era muito poco *(Dona Firmina, 57 anos).*

Para os mais velhos, a situação da Comunidade melhorou muito se comparada com a de 20 anos atrás. Existem mais oportunidades para as crianças estudarem, houve melhoria na estrutura das casas, assim como na alimentação, nas roupas, na locomoção e no salário. Pode-se dizer, enfim, que houve uma significativa mudança nas condições de vida dos moradores em relação às vividas pelas gerações mais velhas, que enfrentaram muitas dificuldades para garantir o sustento da família. E tal melhora pode ser atribuída aos avanços das políticas públicas para a população rural, a exemplo da instituição da aposentadoria para o trabalhador rural pela Constituição Federal de 1988, documento que universalizou o atendimento aos idosos do meio rural, englobando inclusive o setor rural informal.

A maioria das pessoas da segunda geração de Mato do Tição é beneficiária da aposentadoria rural, que passou por adequações positivas em 1991, com a Lei 8.213, ficando instituída a aposentadoria por idade aos trabalhadores rurais no valor de um salário mínimo sem a necessidade de ter havido contribuição. Esse avanço foi significativo, considerando que pela lei anterior, datada de 1971, somente uma pessoa da família poderia ser beneficiária, e o valor equivalia a apenas meio salário mínimo. Com as mudanças de 1988 e 1991, todos os trabalhadores rurais – mulheres com idade superior a 55 anos e homens acima de 60 anos – passaram a ter direito ao benefício da aposentadoria rural por idade. De acordo com Gleiser Soares (2009, p. 4), a "aposentadoria rural representa um autêntico programa de renda mínima para os idosos residentes na área rural, gerando um grande impacto econômico, principalmente nos municípios mais pobres das regiões menos desenvolvidas." Silva (2008) também nos confirma que a aposentadoria rural trouxe significativas mudanças nas condições de vida dos moradores se comparadas aos períodos anteriores, em que a fonte de recursos era escassa e as pessoas ficavam à mercê de empregadores rurais que não cumpriam a legislação trabalhista e pagavam salários baixíssimos.

PASSEIO PELO QUILOMBO E DESENHOS: A PERCEPÇÃO DO MATO DO TIÇÃO

O passeio pelo Quilombo – ou piquenique[32], como as crianças quiseram chamar – foi adaptado da metodologia "caminhada transversal" que, de acordo com Drumond *et al.* (2009), pode receber outras denominações, tais como "travessia", "caminhada semiestruturada" e "cortes transversais". Essa metodologia é utilizada nos planejamentos participativos aplicados a projetos relacionados ao ambiente rural, com temas ligados ao meio ambiente, agricultura, assentamentos rurais etc.

Segundo Souza (2009), o método consiste em caminhar por uma determinada área, com o pesquisador sendo acompanhado por um grupo de informantes do lugar que conheçam bem o local, observando-se todo o ecossistema. Parte-se do pressuposto de que as pessoas do lugar são atores privilegiados na construção conjunta de propostas de intervenção nos diversos espaços e que suas experiências e vivências são fundamentais para a compreensão do lugar em toda a sua complexidade.

O passeio pelo Mato do Tição se deu como forma de compreender a apropriação dos diversos espaços do Quilombo pelas crianças e sua rede de relações com os moradores, além de identificar os pontos considerados mais importantes para elas.

---

[32] O piquenique foi o encerramento do passeio, no qual fizemos um lanche coletivo nas proximidades de uma pequena queda d'água, em local escolhido pelas crianças. Quando mencionava o passeio, elas sempre exclamavam: "Ah! O piquenique". Para elas, todo o processo se resumia no piquenique, a hora de "comer juntos" as coisas gostosas que levaram; era "a melhor hora".

A organização do passeio contou com a participação das próprias crianças, que definiram dia e horário, lanches, recados para as outras crianças, locais a serem percorridos e a parada para o piquenique. Também recebi de Acotirene, minha informante, uma lista com o nome de todas as pessoas participantes e suas respectivas residências.

O passeio durou cerca de 4 horas. Durante o percurso, cantou-se músicas e as crianças me apresentavam os moradores de cada casa, identificando também seu grau de parentesco. Em algumas casas, os moradores contavam histórias sobre a organização do quintal, o Candombe, a organização da Capela, a feitura de doces, o tempo difícil de suas infâncias e o parentesco com as crianças. O lanche foi feito à beira do córrego Chico Matias.

Realizei anotações durante e após todo o percurso, além de algumas fotografias. O passeio foi retomado em uma outra oportunidade, em que as crianças fizeram desenhos e contaram histórias sobre o Quilombo. Foi feita também a atualização de um croqui publicado no livro *Mundo encaixado*, que representava a disposição das casas e construções do Quilombo por volta do ano de 1982.

Os desenhos também foram utilizados como complemento do passeio e realizados em duas etapas. Na primeira, logo após o abecedário, as crianças foram divididas em dupla e receberam papel, lápis colorido e caneta hidrocor. Em seguida, foram orientadas a desenhar o Mato do Tição com elementos que mostrassem como era aquele lugar onde moravam. Na segunda etapa, foi solicitado que desenhassem o que mais gostavam no Quilombo. Na ocasião, foram realizadas também as ilustrações para compor o livro em tecido, que poderiam ser tanto em relação àquele passeio com em relação a outros passeios que já haviam realizado, ou ainda qualquer outra coisa que queriam desenhar sobre o Quilombo. Muitos fizeram desenhos representando as festas, a fogueira de São João e, em uma situação especial, uma menina contou uma história inventada por ela. As histórias estarão transcritas no Capítulo 4.

Pessoas, lugares, artefatos, histórias e ofícios

O passeio teve início a partir do Morro do Cruzeiro, local onde todos os anos é realizada a Reza do Cruzeiro. No entanto, ao reunirmos todas as crianças, elas próprias disseram que a caminhada seria longa e cansativa demais para as mais pequenas. Sugeriram começarmos pelo local que elas chamam de "beco", uma trilha com uma sequência de casas dos descendentes de Jair Siqueira, um dos irmãos da família Siqueira, já falecido. Antes de entrar no beco, as crianças realizaram uma pequena discussão para decidir quem iria na frente, pois lá havia muitos cachorros bravos e elas tinham medo. Decidiram, então, que a neta de Seu Jair iria na frente e seria a responsável por apresentar o lugar para o grupo, pois lá ficava também a sua casa.[33] Havia ali quatro casas, cada uma de uma família. Sissy (12 anos) foi apresentando seus moradores e seu parentesco com cada um. Chegando ao final do lote, as crianças se espalharam para ver a pocilga.

Luanda (48 anos) falou para sobre o córrego, a mina e a nascente. Apontou o poço artesiano que fica no fundo do lote, contando que ele abastece a Comunidade de Mato do Tição. As crianças desceram todas para o córrego, foram na "bica", tomaram água, jogaram pedrinhas no córrego, lavaram as mãos e o rosto; estavam se divertindo. Na volta, ainda observaram o galinheiro e a horta. Perguntaram para Luanda quando ela mata os porcos, ao que ela respondeu: "Quando dá vontade de comer e também perto do Natal." Apesar de normalmente circularem pelas casas do Quilombo, naquele momento percebi que elas estavam de fato fazendo um passeio especial, pois se encantaram com todas as coisas: o galinheiro, a horta bem cuidada, os porcos, a nascente, o córrego. Pareciam estar contemplando com um olhar diferente, aproveitando a oportunidade para ver demoradamente aquilo que, de algum modo, já conheciam (*Caderno de campo*, 9 jun. 2013).

---

[33] O critério era de que quem era morador do local apresentasse as pessoas e a casa para o grupo.

Seguimos em direção à próxima casa e Kênia fez a apresentação, pois lá moravam seus avós maternos e seu bisavô, Seu Dante (92 anos). Kênia apresentou sua avó Firmina (57 anos), conhecedora do ofício de cozinhar e fazer doces. Mostrou o jardim na frente da casa, a casinha onde Seu Dante morou, o quartinho do fogão a lenha, o galinheiro, a horta.

Seu Dante, conhecedor do Candombe e do reisado, deu a bênção às crianças. Perguntei se elas queriam fazer alguma pergunta para ele. Enan então perguntou como havia surgido o ritual. Seu Dante contou a história de sua origem[34] bem baixinho, tão baixinho que as crianças tiveram que ficar bem próximas para ouvir.

Em seguida, se dirigiram a Dona Firmina, que estava fazendo doce de leite, e perguntaram como o doce era feito e como eram feitos também os canudinhos. As crianças ficaram muito encantadas com a casa do Seu Dante e com o quartinho do fogão a lenha, no qual queriam entrar, mas como ele era muito pequeno, tinha que ser de duas em duas. De lá saíam dizendo que era muito bonitinho, que as paredes eram todas enfeitadas com tecido e que havia uma caminha para deitar e ficar vigiando a comida no fogão.

No final do lote, havia um touro mecânico no qual o filho de Dona Firmina treinava para o rodeio. De repente, o quintal virou um parque de diversões: as crianças fizeram espontaneamente uma fila e começaram a brincar no touro e, após brincar, cada uma voltava para a fila. Em seguida, foram para o fundo do lote e se encantaram com o movimento do bambuzal. Geórgia pegou palhas do bambuzal e gritou, "Olha, com isso dá pra fazer papa-vento!", e Kênia disse que era só recortar a palha e fazer o papa-vento, que vovô Dante havia ensinado para elas.

Os espaços foram aproveitados por cada criança, que exploravam o seu mundo brincando, admirando, conhecendo tudo com detalhes, detidamente. Diversos aprendizados foram

[34] As histórias às quais faço alusão aqui serão narradas no Capítulo 4.

colocados à sua disposição: a feitura do doce, a origem do Candombe, o material para fazer o papa-vento, equilibrar-se no touro mecânico (um momento muito animado), as antigas construções etc. Aprendizados que partiram da curiosidade, da escuta, da observação, da interação das crianças.

O passeio continuou até a última casa considerada como pertencente ao Quilombo. Em cada casa, uma família, uma história: origem da reza de maio, imagem de Sant'Ana, as dificuldades vivenciadas pelos mais velhos. As crianças demonstraram satisfação e orgulho em apresentar suas famílias: a chegada em cada casa era motivo de admiração para os que lá estavam – "Nossa, nunca vi tanta meninada junta", exclamou Dona Isaura. A recepção dos adultos foi muito calorosa. Em algumas casas, ofereciam café, água ou algum alimento, aos que as crianças recusavam, pois queriam saborear as delícias ao final do passeio.

As crianças andaram com desenvoltura por todos os espaços e em praticamente todas as casas entraram e conversaram sem embaraço com seus moradores. Elas interagiram com o meio e com as pessoas do seu cotidiano, do mundo em que viviam, de suas vivências, num processo dinâmico de inter-relação do sujeito com o mundo exterior. Foram processos de estabelecimento de relações carregados de sentido para elas, que experimentaram o seu lugar buscando conhecê-lo fora da sua rotina. Na maioria dos pontos de parada, o espaço era explorado de forma lúdica: elas circulavam de modo diferente daquele ao qual estavam habituadas, brincavam com os objetos, interagiam com a natureza, lançavam questões para os moradores.

A trilha realizada no passeio seguiu sentido à estrada que liga Mato do Tição a São Sebastião do Campinho, lugarejo próximo. Durante esse percurso foi possível identificar os lotes que não estavam ocupados por pessoas do lugar, lotes que foram vendidos, apropriados por fazendeiros e transformados em pastos, pequenos espaços de mata etc.

Por fim, após uma conversa direcionada, fizemos uma atualização do referido croqui do livro *Mundo encaixado*, bem como uma lista com todas as casas que estão no território do Quilombo[35].

Os desenhos

Ao tratarmos da relação das crianças com o lugar, a análise dos desenhos contribuiu para a compreensão de como elas percebem o lugar onde vivem. Os desenhos, como atividade direcionada, foram feitos em três etapas: na primeira pedi que desenhassem o Quilombo da forma como o viam, tendo como referência a sua casa; na segunda, sugeri um desenho sobre o que gostavam em Mato do Tição; por fim, uma ilustração da história ou coisas que gostariam de contar para a confecção do livro de pano. Elas também fizeram desenhos livres, principalmente as crianças pequenas. Nos desenhos das crianças pequenas sempre havia referência a animais, plantas, pessoas. Elas gostavam muito de desenhar e sempre que chegávamos a alguma casa, me pediam papel e lápis para desenhar. Alguns desenhos ficaram com elas; outros, eu guardei para análise. Foram recolhidos durante o passeio desenhos de 18 crianças, com idades entre 2 e 15 anos.

Na maioria deles, os elementos que compõem o lugar tiveram destaque, combinados com elementos da natureza: casas, a Capela, pessoas, animais domésticos, passarinhos voando, peixes, rios, árvores e plantas. Igualmente, foram observados elementos

---

[35] A atualização do croqui continha: casa de Jairnei; casa de Genaro; casa de Alaíde; casa de Matiula (que mora no centro de Jabó e é filha do Seu Dante); casa de Seu Dante; casa de Maria; casa de Ludovina; casa de Helena ("pessoal de Belo Horizonte"); casa de Nilse; casa de Rosilene; casa de Lindomar; casa de Sabrina; casa de Vitor; casa de Rosaura; casa de Dona Divina; casa de Marilene; casa de Glória; casa de Lidiane; casa de João Marcolino; casa de Silvia (Tia Bina); casa de Isaura; casa de José Floriano (Paticim); casa de Jurai; casa de Adrilaine (Titita); casa de Dinilton (fazenda arrendada); casa de Vicentina; casa de Dona Antônia (que também é de Belo Horizonte); casa de José Cezário (que morreu, e cuja esposa mora no centro). Acima da casa de Alaíde, no Beco, há: casa do Tio Badu (Sílvio); casa de Dona Júlia ("pessoal de fora"); casa de Vanderlei (Tio de Mareny e Rayssa); casa de Dona Isaura (que é de Juatuba); casa de Seu Tião (que é de Belo Horizonte); casa de Jorge (que também é de Belo Horizonte).

da identidade do Mato do Tição, tais como os tambores do Candombe, a Festa de São João e a fogueira, o Morro do Cruzeiro. As casas e os caminhos que as interligam também foram recorrentes. Todos esses elementos tinham uma relação direta com a experiência de vida das crianças. As imagens, portanto, faziam referência aos seus modos de se relacionar com o lugar, com o sagrado, sua natureza e os elementos da cultura local.

Os elementos mais recorrentemente identificados nos desenhos foram categorizados da seguinte maneira: elementos da paisagem natural; animais; casas e quintais; elementos identitários da cultura de Mato do Tição; pessoas.

A representação das casas

> O desenraizamento é o único apelo que convoca os mortais para um habitar. **(Heidegger)**

Dada a importância cultural das casas para todos os povos, faz-se necessário ressaltar o seu significado para as populações afro-brasileiras e quilombolas. Slenes (1999), ao tratar das famílias originadas de escravizados no Brasil, destaca a importância da constituição do lar e da centralidade da casa em suas vidas. A casa, para elas, representa um lugar de acolhimento, encontro, afetividade daqueles que durante muito tempo ocuparam lugares às expensas da exploração do seu trabalho em engenhos, minas, leitos de rios, lavouras, senzalas. Os quilombos, antes da abolição da escravatura, foram as primeiras formas de habitação sem o olhar permanente dos senhores.

As narrativas sobre a origem do Quilombo de Mato do Tição contam que as terras onde se estabeleceu a família Siqueira eram anteriormente habitadas por grandes senhores e seus trabalhadores cativos negros e indígenas. Negros e índios constituíram, então, agrupamentos de escravizados e libertos que, segundo os mais velhos, não podiam ser considerados grupos familiares. As uniões eram instáveis, não existiam casas propriamente ditas, as pessoas moravam nas matas sem vínculos efetivos uns com os outros. Conforme relatos de uma moradora de Mato do Tição, citados por Silva (2013), a organização de um grupo familiar estável se deu a partir de seu pai, Benjamim Siqueira. Ele então já não era mais escravizado e havia se casado com Josefa Basília, que morava naquela região e era filha de africanos escravizados. Ao constituírem família, começaram a surgir as primeiras casas/moradias. O relato a seguir transmite a impressão de que os fundadores do Quilombo não chegaram a estabelecer uma relação mais aprofundada com os indígenas locais, denotando a ideia de certo distanciamento entre esses dois povos:

> Era tribo, coluna como eles falavam... era negro com índio... tudo misturado. Matição era encoberto. Em vez de família de fulano de tal, não era considerado família não. Era coluna! Coluna Negra! Então nós identificamos família depois de papai [Benjamim]. Mas [antes] era oca... era tribo, era coluna... Ninguém falava família de fulano de tal, não! Então nós somos do mato! [Pai] saía com nós e mostrava nós essa região aqui... que foi dominada pelo bisavô dele... Eu ficava intrigada... e perguntava: "Pai o que é coluna?" Aí ele falava: "Minha filha, é não existia moradia." O povo morava tudo era no mato. Nas ocas. Num tinha separação em famílias. Tudo era índio. Era um bolo só. Dormia junto, comia junto (SILVA, 2013, p. 42).

No período posterior à abolição, foi necessário que os libertos ocupassem um lugar que pudesse ser considerado como seu, um lugar privativo para o exercício da íntima afetividade, de sua religiosidade, da produção de seus alimentos. Para a população afro-brasileira recém-liberta da escravidão, a valorização do seu lugar de moradia era uma questão de resistência social e cultural. Para Pereira (2005), a forma como a população negra constituiu a casa como seu *lócus* de vivência, buscando a sua independência em relação aos senhores, constituía um ato político, por bater de frente com os históricos processos de desenraizamento pelos quais passara. Nesse espaço-casa, existia maior condição para consolidar sua identidade. A casa se torna, assim, um lugar sagrado para as rezas, orações, benzeções e rituais, além de ser também espaço para aprendizagem dos ofícios de cozinhar, cuidar das plantas e animais, de regras, espaço de lazer para as diversões em família etc. Nos desenhos das crianças, esses elementos estão todos presentes.

A representação das casas apareceu de diversas maneiras. Muitas delas são interligadas por trilhas/caminhos, com quintais, jardins. Algumas foram representadas isoladas. Em alguns desenhos, a casa da criança foi identificada com seu nome. A casa de Dona Divina (matriarca da Comunidade) foi representada inúmeras vezes, pois nessa casa/templo são realizadas as rezas de São João e São Pedro e os ritos de cura/benzeção feitos pela matriarca. No quintal da casa de Dona Divina é levantada a enorme fogueira de São João, que queima por horas ininterruptas, e é também lá que se erguem as bandeiras dos santos padroeiros da casa e onde as pessoas de fé passam descalças na brasa. É onde também se toca e dança o Candombe[36] e o batuque.

Desenho 1 – Representação das casas

[36] O Candombe acontece em diversos pontos da Comunidade, não somente na casa de Dona Divina.

Outros ícones representados nos desenhos

Depois das casas, os elementos da natureza foram os mais representados: céu, sol, estrelas, nuvens, rios, árvores, flores, gramas. Eles apareceram compondo os desenhos das casas ou não. Os animais também foram muito representados, nas figuras de passarinhos, peixes, galinhas, porcos, lobos, borboletas, cachorros, bois, vacas, cavalos. Em seguida, estão os elementos identitários da cultura, tais como os tambores do Candombe, a fogueira da Festa de São João, as bandeirinhas que enfeitam as festas, o Morro do Cruzeiro, a Coroação de Nossa Senhora, a placa com a inscrição "Quilombo Mato do Tição". A fogueira está em vários desenhos, o que confirma o entusiasmo das crianças pela Festa de São João, pois elas gostam muito da fogueira, que tem uma altura significativa e queima durante boa parte da noite do dia 23 para o dia 24 de junho.

Desenho 2 – Representação de elementos identitários e da natureza

FUGUEIRA
DIVINA

Também aparecem com muita frequência crianças brincando, pessoas em roda tocando Candombe, dançando quadrilha, além de representações da matriarca e delas próprias. Em vários desenhos havia palavras, algumas delas identificando lugares como a Capela, o Bar do Ley, a casa de Dona Divina, "minha casa", ponte e fogueira, além de frases como "Amo o Mato do Tição demais", "Sou brasileira até morrer", "Festa que eu mais gosto", "Mato do Tição de++ te amo te adoro sou quilombola huhu!", "Mato do Tição tá no sangue, tá na raça huhu", "União e paz". Essas frases expressam o sentimento das crianças em relação ao lugar em que vivem, e vêm carregadas de afeto e valorização dessa Comunidade. Alguns elementos estão ausentes, tais como as motos e os telefones celulares, que são comuns na Comunidade, mas não foram representados em nenhum desenho.

As crianças demonstram, por meio de seus desenhos, as coisas às quais dão importância em suas vidas e no cotidiano da Comunidade: as casas interligadas por trilhas (comunicação entre as famílias); a Capela como espaço da religiosidade; a natureza embelezando o ambiente e sendo fonte de alimentos como frutas, chás, peixes, caça; as pessoas em diversas atividades de interação nas festas, brincadeiras e no Candombe; os animais nas casas e na natureza; o Bar do Ley, espaço de interação, encontro de amigos, parentes e visitantes, além de diversão, jogos, músicas, danças, brincadeiras, jogos de futebol televisionados e guloseimas.

No capítulo a seguir, serão analisadas algumas dimensões dos modos de *ser criança* em Mato do Tição. Tais modos serão compreendidos em sua pluralidade de formas, considerando os mais diversos modos de vivenciar a infância nessa Comunidade.

CAPÍTULO 3

MODOS DE SER CRIANÇA NO QUILOMBO MATO DO TIÇÃO

O tema central deste capítulo são as diversas formas de ser criança no Quilombo de Mato do Tição. Trata-se de uma tentativa de trazer para os estudos em Educação a vida, a cultura e as aprendizagens dessas crianças quilombolas, aqui apresentadas como os seres plenos de humanidade e conhecimento que são. Tal intuito é parte integrante de um percurso acadêmico, profissional e militante que se entrecruza com a urgência de construção de metodologias e de pedagogias que contemplem os valores da cultura africana e afro-brasileira em suas diversas dimensões – como a quilombola – nas escolas brasileiras. Os diagnósticos da desvalorização da história e da cultura africana e afro-brasileira nos currículos escolares vigentes são desanimadores, assim como as diversas formas de hostilização às quais crianças, jovens e adultos negros estão expostas cotidianamente e não só nas escolas.

Como já apontado, a coleta de dados se deu por meio de diversos recursos metodológicos, tais como observação participante, entrevistas, conversas informais, conversas direcionadas, entre outros que serão especificados à medida que se fizer necessário no decorrer das análises desses dados. Além das crianças, foram também entrevistadas pessoas da 2ª, 3ª e 4ª geração, na tentativa de traçar uma breve genealogia da infância em Mato do Tição. O foco dessas entrevistas foram os elementos presentes na infância desses adultos: as brincadeiras de sua época, com quem brincavam, o tempo de que dispunham para brincar e desfrutar de outras formas de lazer.

Em todas as entrevistas, a questão do trabalho atravessou as lembranças da infância. Conforme os relatos, o trabalho era exaustivo e as brincadeiras aconteciam mais aos domingos, nos dias festivos e enquanto trabalhavam. As crianças dessas gerações viveram a infância de outro jeito, pois as condições para a sobrevivência na Comunidade eram muito mais difíceis para todos, inclusive para elas. A frequência à escola também foi comprometida para essas gerações, muitos tinham de interromper seus estudos precocemente por causa do trabalho. Era necessário ajudar a família nas tarefas domésticas e nas atividades produtivas, como forma de garantir o sustento de todos. As crianças dessas gerações trabalhavam na roça, faziam farinha, colhiam coquinhos para vender e fabricar gordura. Uma realidade bastante diferente da vivida pelas crianças com as quais tive contato, principalmente no que se refere à questão do trabalho exaustivo e da possibilidade de frequentar a escola.

Brincadeiras são reinventadas, novas palavras, novas formas de relações, novos modos de ser criança vão sendo impressos na vida das sociedades, das comunidades e dos grupos sociais. Nos dizeres de Corsaro (2002), são esses microprocessos que envolvem a interação das crianças com os que cuidam delas e com seus pares.

A abordagem interpretativa considera a socialização como um processo "produtivo-reprodutivo", não sendo nem um processo de mera imitação, nem de reprodução do mundo adulto, e sim um movimento de apropriação criativa do mundo adulto por parte das crianças, para que elas possam produzir a sua própria cultura. De acordo com Corsaro (2002), a produção das crianças nos seus processos de socialização é criativa porque expande a cultura de pares, transformando o que apreendem do mundo adulto a partir de suas preocupações, além de contribuir para a reprodução da vida adulta de forma simultânea. Desse modo, essas crianças internalizam e se tornam parte integrante da cultura adulta, ao mesmo tempo que criam culturas diferenciadas.

As sucessivas gerações vão imprimindo suas marcas na cultura de Mato do Tição. O processo de construção da identidade quilombola entre os adultos encontra correspondente constituído embrionariamente entre as crianças que, diferentemente dos adultos, elaboram e reelaboram, de forma criativa, os discursos sobre o *ser quilombola*. Assim como a construção afirmativa de uma identidade enquanto crianças negras de Mato do Tição se diferencia em muito da construção que foi possível às crianças das gerações anteriores, marcadas por extremo preconceito, discriminação e estigmatização (SILVA, 2011), dispondo talvez de um potencial mais limitado de negociação com os adultos.

As crianças de hoje, como será apresentado aqui, já distinguem os motivos da discriminação, a compreendem como injusta e têm consciência de que vivem em um lugar com fortes expressões de elementos identitários negros e de resistência cultural afro-brasileira. Uma vez conscientes, procuram reagir ao preconceito e à discriminação ao qual são expostas, falando do seu lugar de cultura, de vida, de identidade. Tecem cotidianamente formas de aprendizagem múltiplas, motivadas pelo interesse em aprender e em fazer parte de sua Comunidade.

As categorias utilizadas para análise dos dados emergiram de uma leitura que buscou a constante interlocução com as teorias da infância centradas na concepção das crianças como atores sociais, produtoras de culturas, que elaboram e reelaboram conhecimentos a partir de suas interações com o meio, com os adultos e, especialmente, com seus pares. Nesse sentido, o conceito de *cultura de pares* e a abordagem interpretativa da socialização da infância trabalhada por Corsaro (2011) foram fundamentais. Para Corsaro, as crianças não se limitam a internalizar a vida adulta, que lhes é externa, pelo contrário, elas tornam-se uma parte da cultura adulta, isto é, contribuem para a sua reprodução. São essas contribuições e trocas que possibilitam a dinamicidade da vida e a possibilidade de construírem novos percursos e culturas, deixando suas marcas na história do seu grupo social. Para possibilitar uma melhor compreensão das crianças pesquisadas aqui, será apresentado a seguir o perfil traçado do grupo.

"O DIA INTEIRO A GENTE BRINCA": AS BRINCADEIRAS COMO EXPRESSÃO DO SER CRIANÇA

A criança de Mato do Tição é um ser brincante. A brincadeira está presente em diversos momentos da vida cotidiana, espaços e ocasiões de vivência das crianças. Em Mato do Tição, os melhores momentos de brincadeiras de um grupo grande de crianças ocorrem durante as festas ou aguardando as celebrações religiosas, nos intervalos das oficinas, ou esperando o ônibus para a escola. Já as brincadeiras em grupos pequenos acontecem dentro das casas, nos quintais durante a noite nos dias de semana e durante o dia nos finais de semana.

Paula (2012), em pesquisa realizada em dois quilombos de Santa Catarina, observou inúmeras brincadeiras das crianças quilombolas e destacou a autonomia delas em relação aos adultos: elas que decidiam a brincadeira da vez, discutiam as regras de algum jogo, faziam brinquedos com fragmentos e objetos encontrados pelo caminho. As brincadeiras para aquelas crianças, segundo a autora, estavam revestidas de um caráter fundamental para o seu processo de socialização e vivência de sua infância singular.

> Para as crianças da comunidade quilombola a brincadeira e os brinquedos, quase todos criados por elas, adquirem uma importância fundamental na medida em que se constituem momentos de rica interação cm o meio físico e social, testando os limites da sua força, de suas habilidades físicas e intelectuais, estabelecendo-se nessa criação uma simbiose entre a realidade e a fantasia, virando uma rotina e facilitando a aquisição de signifi-

> cados que são ou podem ser compreendidos por elas de diferentes maneiras (PAULA, 2012, p. 208).

Durante minha permanência em campo, pude observar diversas formas de brincar entre as crianças, e elas ainda me relataram muitas outras que têm o costume de fazer. Demonstraram autonomia na escolha e organização das brincadeiras, usando poucos brinquedos industrializados e se organizando em grupos, de acordo com a ocasião e a disponibilidade. Desse modo, cada grupo podia ter ora crianças de idades próximas, ora de idades variadas (de 2 a 14 anos), ou ainda somente crianças bem pequenas, ou somente meninas, ou grupos mistos de meninas e meninos. Como o número de meninas na Comunidade é maior que o de meninos, não foi observada a existência de grupos compostos somente por meninos.

Muitas das brincadeiras que praticavam eram as tradicionalmente conhecidas do mundo infantil: pega-pega, esconde-esconde, pular corda, corre-cotia, queimada, rouba-bandeira, polícia e ladrão e chicotinho-queimado. Brincadeiras que se mantêm passando de geração em geração. No entanto, registrei também a prática de brincadeiras que dizem de suas vivências na Comunidade: elas brincavam de salão de beleza, restaurante, Folia de Reis e Candombe, ou seja, a rotina das crianças encontra correspondência também em suas brincadeiras. Nesse ponto, Corsaro (2002, p. 116) chama a atenção para os aprendizados das crianças nestas brincadeiras, nas quais "elas se apropriam de certos elementos da cultura adulta para lidar com problemas práticos da cultura de pares local." Aí está contido um dos pressupostos do autor em sua definição da teoria da *reprodução interpretativa*, segundo a qual a apropriação da cultura dos adultos pelas crianças permite uma ampliação da cultura de pares.

Quanto às brincadeiras tradicionais, elas representam a diversidade cultural ao longo da história, sendo muitas tidas como universais, fazendo parte da cultura de diversos povos ao redor do mundo, conforme observa Kishimoto (1994). No entanto, embora seja verdade que exista uma recorrência de certas brincadeiras em determinados períodos ao longo do tempo que as fazem comuns em muitas culturas, isso não deve ser absolutizado e tomado como universal; pelo contrário, deve ser explorado em cada contexto. Existe uma pluralidade de brincadeiras espalhadas pelo mundo e seus tipos estão intimamente ligados à cultura de cada povo, de cada localidade.

Os jogos e as brincadeiras tradicionais só se mantiveram vivos graças às transmissões orais que se deram de geração em geração. Contudo, não permaneceram intactos: eles se desenvolveram e foram e são reelaborados e transformados pela capacidade criativa das crianças, principalmente, que incorporam novos elementos ao longo de sucessivas gerações em diferentes culturas. As crianças aprendem com outras crianças, que ensinarão a outras, de modo a trabalhar pela perpetuação e manutenção de um aspecto tão significativo da cultura infantil, a ludicidade. Claro que, ao se considerar o caráter lúdico das brincadeiras, não se está alheio ao fato de que brincar também "é uma cosa séria". Em Mato do Tição algumas brincadeiras atravessam gerações.

Brincar não é prerrogativa do mundo infantil, uma vez que os adultos também brincam. Mas para as crianças a brincadeira constitui algo além do lazer. Por meio das brincadeiras, elas elaboram e reelaboram suas vivências cotidianas. Constituídas de situações imaginárias, principalmente aquelas de faz de conta ou jogos sociodramáticos (CORSARO, 2002), as brincadeiras são atividades regidas por regras, provêm das realidades vividas e ganham novo sentido quando são partilhadas com seus pares. As crianças brincam com coisas do "mundo adulto" e assim aprendem, por exemplo, a se localizar nesse mundo. Elas testam possibilidades e ensaiam formas de lidar com problemas concretos vivenciados por elas.

As crianças produzem de forma colaborativa atividades de "faz de conta" com elementos que integram o seu cotidiano, como, por exemplo, aqueles ligados à rotina de suas famílias e a atividades ocupacionais. Elas encenam conversas ao telefone, tornam-se donas de restaurantes e salões de beleza, imitam os mais velhos ao "brincar" de Candombe. A brincadeira se constitui, assim, como uma forma de linguagem pela qual as crianças expressam seus desejos, preocupações e os modos como compreendem as situações do cotidiano.

As brincadeiras de "faz de conta"

No Mato do Tição são comuns as brincadeiras de escolinha, casinha, salão de beleza, restaurante e "mamãe-filhinha"[37]. Como aponta Corsaro (2002), nesse seu jeito de brincar, as crianças de Mato do Tição também têm espaço para reproduzir e reinterpretar suas vivências de criança. Em cada comunidade e cultura, as crianças expressam em sua forma de brincar desde seus ideais de vida adulta até suas preocupações com as relações que são estabelecidas à sua volta. A descrição de cada brincadeira se dará como forma de interpretar essa linguagem infantil, nos oferecendo uma espécie de chave de leitura daquilo que de fato conta na vida dessas meninas e meninos.

Brincar de restaurante

Brincadeira que expressa o entendimento dessa que é uma ocupação laboral de pessoas da Comunidade que trabalham em bares e restaurantes, além da convivência com os dois bares ali existentes. O Bar do Ley é um estabelecimento comercial e cultural de Mato do Tição que recebe visitantes e pessoas do lugar, especialmente aos finais de semana. Durante as festas, meninas e meninos ajudam servindo as pessoas e vendendo alimentos nas barracas. Portanto, brincar de restaurante torna-se uma espécie de aprendi-

---

[37] Nessa brincadeira, uma pessoa tem que tirar ímpar ou par para ser mãe ou pai, mas pode haver outro método de sorteio: "[...] 'mamãe mandou escolher esse daqui' [...] se para na pessoa vai ser a mãe e depois vai no filho. Tem duas meninas, se para noutra menina ela é a filha e a outra é a tia. Aí nós passeia, conversa e a maior, também, tem gente que escolhe a maior pra ser a mãe e a menor pra ser os filhos. Aí nós passeia pra lá passeia pra cá conversa e faz umas coisa que os outro bebe e cai no chão e vai conversando, pra brincadeira ficar mais engraçada e mais legal." (Keezy, 7 anos).

zado, além de ser uma forma de brincar de algo que já exercem de modo esporádico durante as festividades do Quilombo.

No exercício das atividades existentes em um restaurante, as meninas e um menino experimentam a possibilidade de uma profissão que alguns desejam no futuro, como expressou Kele: "Eu quero ser cozinheira de restaurante ou então chefe de um restaurante." Já Addaê conta que o fato de as pessoas os verem brincar, indica que ali se trata de um restaurante de verdade, o que torna a brincadeira ainda mais gostosa.

Em Mato do Tição, as crianças passam muitas horas juntas, brincando ou mesmo em situações[38] em que as maiores têm de cuidar das menores, quando estas participam das brincadeiras dos grupos. De acordo com Lancy, Bock e Gaskins (2010), esses processos de interação entre crianças de diversas idades são importantes para o desenvolvimento social, emocional e cognitivo delas. É como se elas aprendessem na medida certa aquilo que, se tivesse sido ensinado por um adulto experiente, as sobrecarregariam. Enquanto interagem umas com as outras em situações de brincadeira, as crianças aprendem habilidades úteis, como tarefas domésticas e outros tipos de atividades.

Acotirene (35 anos), que pertence à 4ª geração de Mato do Tição e é mãe de duas meninas, relata que, quando criança, ela brincava enquanto tomava conta dos seus irmãos, e geralmente a brincadeira era de casinha. Não havia, portanto, uma dissociação entre brincadeira e sua responsabilização no cuidado com os irmãos.

Brincar de casinha

As meninas de Mato do Tição montam uma casinha utilizando vários objetos e recursos da natureza. As panelas velhas, furadas e sem utilidade para os adultos, se transformam, pelas mãos dessas crianças, em fôrmas de bolo; pedaços de madeiras deixados no quintal viram mesas; pedaços de tecidos ou plásticos se tornam telhados para as casinhas. O bolo é feito de barro

[38] Essas situações serão descritas e analisadas no Capítulo 4

e enfeitado com flores e folhas, o suco ou refrigerante é uma água barrenta. As crianças/filhinhas – representadas por bonecas – fazem aniversário, tomam banho, ajudam as "mamães" nas tarefas domésticas.

A presença de brinquedos industrializados não é frequente nas brincadeiras no Quilombo, as crianças lançam mão de elementos que estão à sua volta: trapos, quinquilharias, folhas, pedras, flores, barro. Benjamim (1984) nos ajuda na compreensão do apreço das crianças pelos destroços, por aquilo que é descartado pelos adultos: deles podem ser retirados elementos que comporão seu mundo fantástico, "desordenado", pleno de vida e em diálogo com o mundo em que vivem. Os destroços e objetos encontrados nas casas e nos quintais viram brinquedos nas mãos das crianças de Mato do Tição. A quase ausência de brinquedos industrializados nas brincadeiras contribui para que a criatividade aflore, e as crianças tornam-se elas mesmas as "fabricantes" de seus próprios brinquedos.

Brincar de salão de beleza

> Estávamos eu e um grupo de crianças (um menino e cinco meninas) sentados na sala da casa de Ayana (10 anos) à noite, depois do jantar. De repente, sou cercada por Keezy (7 anos), Hanna (5 anos) e Lígia (2 anos), que dizem que estamos em um salão de beleza. Começam a passar um pedaço de régua em meus cabelos e dizem que vou ficar bem bonita. Hanna pega um vidro de esmalte quase vazio e finge que está pintando minhas unhas; Lígia passa a mão em meu rosto imitando maquiagem e diz que vou ficar bem bonita. Continuam a mexer no meu cabelo, fingir de passar o secador e, depois de uns quinze minutos, dizem que acabou. Eu pergunto se posso ir embora, e elas dizem que tenho que pagar, não posso sair sem pagar. Eu questiono o preço e digo que está caro e Keezy diz que tenho que pagar assim mesmo, pois elas são as donas do salão e precisam do dinheiro *(Caderno de campo, 9 jun. 2013)*.

Brincar de salão de beleza é comum entre as meninas de Mato do Tição; presenciei essa brincadeira algumas vezes durante a minha estadia em campo. Algumas jovens do Quilombo realizam as atividades de cabeleireira e manicure, atendendo os próprios moradores e, eventualmente, alguns visitantes. As meninas também são penteadas e arrumadas por elas – que são geralmente suas primas ou tias –, principalmente em ocasiões como casamentos, festas de aniversários ou outros eventos dentro e fora da Comunidade.

Muitas meninas maiores e outras jovens, assim como as mulheres já casadas, têm o costume de fazer diversos penteados no cabelo das crianças, como tranças, cachos, coques, escovas, rabos de cavalo etc. As crianças não gostam de ficar despenteadas, quando isso acontece, logo pedem para alguém pentear os seus cabelos.

Brincar de Folia de Reis e Candombe

> Por que põe a máscara na Folia de Reis? Deve ser pra num aparecer a cara da pessoa porque fica mais sem graça, ou porque... já viu o véio? Ele tem barba, então tem que usar a máscara porque as pessoas que não têm barba vai ficar... tem que ficar parecido com os reis *(Keezy, 7 anos)*.

Utilizando-se de máscaras e roupas deixadas na Capela, as crianças se tornam foliões da Folia de Reis e brincam de assustar as menores. Com os tambores disponíveis depois das oficinas de capoeira, encenam o Candombe brincando de ser Dona Divina, matriarca da Comunidade. O ritual, que é aprendido e ensinado sem pressa, toma a dimensão da brincadeira quando Laila (8 anos) o dança como se fosse a Dona Divina, provocando risos entre as outras crianças. Ali, ela pratica os movimentos e começa a entoar os cantos, muitos enigmáticos para os próprios adultos.

No ponto descrito a seguir, vemos que a prática do ritual é algo sério: quem entra na roda precisa ter respeito e saber os passos do ritual. A "brincadeira de Candombe" expressa, assim, uma forma de aprendizagem dessa tradição, tão forte e presente na vida da Comunidade. Elas aprendem aos poucos, como dizem algumas crianças. Ao brincar, elas não querem "bulir", mas sim testar seus aprendizados. Assim, elas valorizam e respeitam essa tradição, que é uma forte marca identitária do Quilombo.

O processo para se tornar um candombeiro de fato é mais lento, e cada criança vai encontrando sua forma de participação e aprendizagem. À época, a maioria ainda estava na fase de apenas aprender a tocar os tambores; nenhuma entoava os cantos e realizava a coreografia típica do rito. De acordo com Keezy (7 anos), ela ainda não dança nos grupos de Candombe de "verdade", só de brincadeira: "Eu tenho vontade de dançar o Candombe, eu tô aprendendo, mas eu sou uma pessoa vergonhosa, vai que eu erro uns passos lá aí as pessoa ficam rindo e eu tenho vergonha."

O Candombe tem seus mistérios, que vão sendo desvelados muito lentamente. Ao brincarem, as crianças estão praticando o que ainda não podem de fato praticar de forma plena nas rodas de Candombe, pois o preparo para isso é demorado. Keezy nos diz que toca bem o guaiá e até é elogiada pelos tios quando toca, mas que ainda não tem coragem de dançar e cantar, pois não aprendeu as músicas direito e tem vergonha de errar.

Brincando no tempo: crianças e adultos contam de suas brincadeiras

> B. – Nós brincava muito de roda, de passá anel, berlinda.
>
> P. (pesquisadora) – O que é berlinda?
>
> B. – (Risos) A berlinda? A senhora tá ali, sozinha e os outros tá aqui em roda, os outros chega e começa a perguntar, por que fulano tá ali, é porque... aí começa a colocar defeito (risos), fulano é muito feio, ele pra mim não serve, eu não gosto disso, eu não gosto daquilo, então cada um põe um defeito, olho torto... Isso é que é

berlinda. Aí quando acabava, ele saía correndo atrás da gente e o que ele pegava ficava na berlinda.

P. – O que mais a senhora fazia?

B. – Trabalhava também, trabalhava no moinho de farinha, tocá roda mesmo. Nós carcava mandioca, nós lavava e tocava a roda, nós já sabia. Papai colocava a mandioca no ralo e nós tocava a roda. Nós vendia farinha, nós plantava mandiocal, vivia bem dizer daquilo. Nós fazia a farinha e no sábado levava pra vender pra comprá as coisa de cumê (Dona Bina, 78 anos).

As outras gerações do Quilombo brincaram em contextos um pouco diferentes dos contextos vivenciados pelas crianças pesquisadas, que fazem parte da 5ª geração. Em conversa com mulheres da 2ª, 3ª e 4ª geração, pude notar que suas infâncias foram diferentes em vários aspectos, mas tinham traços em comum, como o pouco tempo para as brincadeiras livres durante os dias úteis, por exemplo. As crianças dessas gerações brincavam principalmente por ocasião das festas, aos domingos e enquanto trabalhavam. O domingo era dia de descanso do trabalho que todas as crianças realizavam, por isso, dia de brincar com um grupo maior de meninas e meninos.

A brincadeira de casinha foi citada apenas por Acotirene (4ª geração), que contou que brincava de casinha junto com os irmãos mais novos, dos quais cuidava: enquanto cumpria a tarefa, ela também brincava. A casinha era montada no quintal de sua casa debaixo de árvores, ela recolhia objetos velhos para servir de móveis e carrinhos de guia para os menores. Ao relatar sua infância, Acotirene deixa transparecer um pouco de tristeza, pois relembra que não tinha muito tempo para brincar por ter de cumprir várias tarefas domésticas cotidianamente. Tanto que hoje, mesmo que já adulta, gosta de brincar com as crianças como que para recuperar o tempo perdido, como ela própria disse.

Berlinda e batuque foram brincadeiras relatadas somente por Dona Bina, não foram citadas pelas demais mulheres. Já a de "casamento secreto" foi citada somente por Dona Firmina. Ao que pude constatar, algumas brincadeiras deixaram de ser brincadas ao longo do tempo, o que se deve ao fato de ter havido muitas outras "invenções" pelas crianças das novas gerações e também, de acordo com Dona Bina, ao desinteresse das crianças de hoje por algumas brincadeiras, somado à falta de tempo dos adultos ou dos jovens para ensinar suas brincadeiras à turma mais nova. A diversidade, a permanência e o esquecimento de brincadeiras representam o processo dinâmico do brincar e de como a sua manutenção ao longo do tempo depende dos processos de transmissão para as sucessivas gerações e, portanto, do interesse das crianças por um tipo ou outro de brincadeira.

Perceber que algumas brincadeiras não são mais brincadas pelas crianças de Mato Tição, ou pelo menos não como brincaram suas bisavós, avós, mães e tias, nos faz pensar que elas poderiam ser temas de oficinas realizadas no Quilombo que visam à preservação da sua memória cultural. Não para serem incorporadas artificialmente ao cotidiano das crianças, mas para que possam fazer parte da história da Comunidade, para que todos possam conhecer as infâncias de seus antepassados. O quadro a seguir permite observar comparativamente as brincadeiras e atividades de lazer dos mais velhos com as dos mais novos ("crianças").

Brincadeira no quilombo Mato do Tição

Brincadeiras dos mais velhos	Brincadeiras das crianças	Lazer dos mais velhos	Lazer das crianças
Brincadeiras com bola	Brincadeiras com bola	Ouvr Rádio	Andar a cavalo
Berlinda	Futebol	Baile	Nadas no rio
Casinha	Casinha	Forró	Nadar na caixa d'água

Brincadeiras dos mais velhos	Brincadeiras das crianças	Lazer dos mais velhos	Lazer das crianças
Casamento secreto	Mamãe-filhinha	Festas locais e em outras comunidades	Visitar parentes
Roda	Roda	Festas religiosas	Dormir na casa de primos e amigos
Pular corda	Pular Corda	Batuque	Excursões em outras cidades próximas
Passar Anel	Candombe		Festas locais e em outras comunidades
Queimada	Queimada		Festas religiosas
	Pisão		Redes sociais
Caiu no poço	Chicotinho queimado		Assistir a partidas de futebol na TV
	Restaurante		Assistir à novela *Malhação*
Corre-cotia	Corre-cotia		Assistir à novela *Carrossel*
Esconde-esconde	Esconde-esconde		Andar de bicicleta
Pega-pega	Pega-pega		
Brincar de boneca	Rouba bandeira		
	Brincar de boneca		
	Polícia e ladrão		
	Jogos de computador		

	Joguinhos de celular		
	Telefone sem fio		
	Soltar papagaio (pipa)		
	Corre-cotia		
	Folia de Reis		
	Escolinha		
	Salão de beleza		

Fonte: *Cardeno de Campo*

"FESTEJANDO COM MUITA ALEGRIA"

> Um tempo ancestral, luminoso, atravessa o cotidiano e irriga o asfalto da modernidade. Já longe o cortejo, ainda se ouve o rufo longínquo de seus tambores e tamborins e os ecos dos cantos, antecipando o retorno do que já é reminiscência. **(MARTINS)**

O festejar em Mato do Tição representa uma forte expressão da identidade daquele povo. O extenso calendário festivo – tanto profano quanto religioso – demonstra a manutenção das tradições herdadas dos fundadores do Quilombo. Além disso, as comemorações do *Carnaval* e do dia da *Consciência Negra* evidenciam um identificar-se quilombola.

Existe um entrelaçamento das culturas europeias e africanas, principalmente, o qual se constata na reelaboração das festas e ritos católicos com componentes da cultura banto (PEREIRA, 2007), como, por exemplo, na *Encomendação das Almas*, festividade em que se entrecruzam a herança do catolicismo e a herança dos povos africanos. A invocação de determinados santos para o salvamento das almas em perigo se alia ao culto dos antepassados: vivos e mortos mantêm seus vínculos por meio do ritual de encomendação das almas realizado durante a Quaresma. Os antepassados para os moradores de Mato do Tição

> representam indivíduos da comunidade que, pelo mérito de suas ações, passaram a ser venerados pelos seus descendentes. Por terem ajudado a fundar a família e por continuarem a sustentá-la, mesmo após a morte, são homenageados periodicamente (PEREIRA, 2005, p. 44).

Todos os entes queridos que partiram ao longo da história da Comunidade são rememorados durante essa festividade e em diversas outras celebrações, como as rezas de São João e São Pedro.

Os rituais religiosos são mesclados com momentos festivos, ou, de um modo mais fiel ao que acontece em Mato do Tição, celebrar religiosamente também significa festejar com canto, dança, comida, alegria, música, Candombe. Rezar é parte da vida, assim como o festejar. Portanto, as festas em homenagem aos santos são sempre acompanhadas de muita reza e alegria. Bailes (no tempo antigo), forró (mais recentemente) constam da programação das festas de santo, que geralmente são realizadas logo após as missas ou no dia anterior ao dia do santo. Em todas essas ocasiões, o Candombe faz ecoar seus tambores irradiando a alegria, a fé e a vitalidade nos cantos entoados pelos mais velhos e pelos mais jovens.

As festas profanas também incorporaram as culturas europeia e africana. No Carnaval, os moradores do Quilombo se organizam no Bloco Quimatic e apresentam coreografias de samba, axé e pagode, acompanhadas sempre pela percussão em vários ritmos. Na queimação do Judas, são realizados cortejos, leitura de testamento e forró. Na Festa da Consciência Negra, o Mato do Tição recebe grupos folclóricos e musicais de outras localidades e afirma a identidade negra e quilombola por meio dos discursos de abertura da comemoração.

As crianças participam ativamente de todas as festas, falam com propriedade delas, orgulham-se de ter um calendário festivo diferenciado de outras comunidades e, por meio do reconhecimento dessas particularidades, afirmam-se enquanto crianças de Mato do Tição e, por isso mesmo, quilombolas.

As crianças nas festas

> Nas festas quilombolas as crianças se identificam positivamente com tudo que está acontecendo em sua volta, como condição de um saber que as formam para a vida.(MOURA)

As crianças da Comunidade Quilombola de Mato do Tição crescem nesse ambiente festivo e participam de todas as festas com muita alegria. Nas palavras de Nala (8 anos), "a gente festeja com muita alegria".

> P. – O que você faz nas festas?
>
> N. – Toco batuque, danço Candombe, toco tambor, faço várias coisas.
>
> P. – Em qual festa você dança o Candombe?
>
> N. – É... Festa de São João, na festa da Tia Divina.

A alegria das crianças com as festas é a mesma dos mais velhos, que as rememoram como as coisas boas da vida em Mato do Tição: "[...] a gente trabaiava muito, mas no sábado nós ia alegre pras festas aqui e em outras comunidade." (Dona Firmina, 57 anos).

A Festa de São João foi eleita pela maioria das crianças como a preferida, pois acham a fogueira muito bonita, gostam de ver as pessoas passando descalças na brasa, gostam do forró, das comidas como maçã do amor, caldos e canjica, gostam da reza na casa de Dona Divina e por ser a festa com maior número de participantes.

Durante os preparativos das festas, observei as crianças realizando várias tarefas: fazendo bandeirinhas para a Festa de São João; decorando com enfeites as cruzes da frente de suas casas para a Festa do Cruzeiro; ornamentando a Capela para a Coroação de Maria; limpando o terreiro em torno da Capela; confeccionando cartazes para a Festa da Consciência Negra; vendendo produtos nas barraquinhas durante os festejos.

Em Mato do Tição, as crianças têm um tipo de participação de acordo com sua idade e com sua desenvoltura em cada festa. Na Folia de Reis, por exemplo, são os meninos que participam em maior número: caracterizados com roupas e máscaras, acompanham os cortejos de casa em casa, cantando, tocando e, às vezes, fazendo alguns malabarismos.

> Os reis, os reis magros [*sic*] né, que foi visitar Jesus, que eles andava cantava, aí foi lá eles foi andando, dançando, cantando mesmo até que chegou até Jesus, aí ficou o trem dos reis "magros", dos reis magos, que tem três estrelas no céu, pode saber que é os três reis magros [*sic*] *(Keezy, 7 anos)*.
>
> Vai de casa em casa e canta para o dono da casa. Aí o povo pede pra dançá, a gente dança, bate o pé e canta, os palhaços é que assusta. Por que tem que pôr a máscara? Porque a gente não parece com os reis magos, é uma representação deles *(Enan, 11 anos)*.

Na *Queimação de Judas*, algumas meninas e meninos se caracterizam como mascarados e acompanham o cortejo do boneco de casa em casa, enquanto assustam as outras crianças, que muitas vezes não identificam quem está por trás das máscaras. As crianças costumam se divertir muito nessa festa.

No *Carnaval* todas as crianças participam: os meninos geralmente tocam tambores, pandeiros e outros instrumentos, enquanto as meninas elaboram coreografias que são apresentadas durante o desfile do bloco no centro de Jaboticatubas. Após os desfiles, as crianças circulam pelas praças e visitam as barraquinhas, sempre acompanhadas dos seus pais ou por algum parente.

Na *Encomendação das Almas* não foi observada a participação direta das crianças, mas elas acompanham o cortejo de dentro de suas casas e tentam seguir as orientações dadas pelos mais velhos de não saírem e nem mesmo abrirem as janelas para não sofrerem nenhuma punição ou susto com as almas.

> Eles passam nas casas, ninguém que está dentro pode abrir a porta ou janela e se olhar vai ver as almas atrás das pessoas *(Kênia, 13 anos)*.
>
> Eu enfiei debaixo da coberta e fiquei com medo *(Dandara, 12 anos)*.
>
> Eu olhei pelo buraco da janela e vi uns vultos. Fiquei com muito medo. Eles passam de casa em casa, rezam e cantam fazendo vozes que dão medo *(Nala, 8 anos)*.
>
> Vovó falou que a gente não pode olhar, se olhar pelo buraco da janela a gente chora sete dias e tem que rezar o Pai Nosso e Ave-Maria até passar os sete dias e parar de chorar *(Ayana, 11 anos)*.
>
> Eu tenho muito medo, se abrir a porta a gente vê as almas *(Kele, 9 anos)*.
>
> Não tem criança porque se começar tem que ir até o fim e a gente não aguenta, porque passam de casa em casa e demora muito *(Ayana, 11 anos)*.

Na *Festa do Cruzeiro*, as crianças se organizam principalmente para o momento noturno da reza no morro. Levam cobertas, travesseiros, agasalhos, pois a festa dura a noite inteira e, apesar de muitas não conseguirem ficar até o alvorecer, elas permanecem o máximo que podem. Durante essa festa, elas participam das rezas e colocam as velas ao pé da cruz.

> Na Festa do Cruzeiro eu queria ficar mais, mas mamãe não deixou (Nala, 8 anos).
>
> O pessoal fica até antes de sair o sol, mais ou menos cinco horas, tem que descer antes sol sair e passar de casa em casa e rezar diante da cruz de cada casa *(Enan, 11 anos)*.

A festa que conta com uma participação mais intensa das meninas é a reza do mês de Maria, composta de realização de novena, reza do terço, *Coroação de Nossa Senhora* e *Festa dos Três Santos* (que é a culminância). Meninas e meninos contribuem com a reza do terço, puxando alguns mistérios e cantando no coral. As meninas participam da Coroação de Nossa Senhora entoando cantos e colocando algum ornamento na imagem da santa, além de fazerem a leitura do Evangelho durante as missas e participarem das procissões. Elas aprendem o ritual da Coroação umas com as outras, as músicas e versos com a orientação de tias e primas mais velhas, que todos os anos organizam a Coroação juntamente com um grupo de outras mulheres, e o acompanhamento musical fica por conta do Tio Martinho.[39]

> A música anuncia a entrada das meninas para o ritual de Coroação de Nossa Senhora. São muitas, anjinhas vestidas de branco com os cabelos enfeitados. São todas meninas negras, que entram em fila para homenagear Nossa Senhora:
>
> "Hoje é dia de alegria
>
> Vamos todas meninas saldar a rainha
>
> Hoje é dia de festa no céu, oh viva!
>
> Dá licença que eu vou entrar
>
> Que Nossa Senhora mandou me chamar."
>
> Após a entrada das meninas e sua disposição no altar da Capela, cada uma entoa um canto colocando véu, flores, coroa. Após o ritual da Coroação, as meninas saem da Capela uma a uma ao som do canto:
>
> "Adeus, adeus
>
> Eu agora eu vou me embora
>
> Você fica aí com Deus
>
> Que eu vou com Nossa Senhora."

---

[39] Os detalhes do aprendizado da Coroação e outros aprendizados nas festas serão tratados no Capítulo 4.

> Em seguida, as crianças retornam para beijar a fita de Nossa Senhora com o coral entoando uma nova música. Ao término, são agraciadas com saquinhos de doces e balas e cantam: "Tá caindo fulô, tá caindo fulô, lá no céu, cá na terra, oh tá caindo fulô."
> *(Caderno de campo, 15 maio 2014).*

Já nas festas de São João, as crianças participam da celebração na casa de Dona Divina e do cortejo de levantamento da bandeira. O mesmo foi observado na reza de São Pedro. Após as celebrações, rezas, missas e levantamento da bandeira, elas se divertem brincando com outras crianças. Algumas já dançam no forró e no batuque; outras correm de um lado para outro, percorrem as barraquinhas, compram algum alimento e acompanham o Candombe, observando e tentando seguir alguns cantos.

> Na Festa de São João eu gosto mais é da brasa. Ver o povo passando na brasa. Para passar tem que ter fé e coragem. Quem queima só tem coragem, não tem fé.
>
> No Candombe eu toco só o tambor. Na Festa de São João do ano passado eu, Nala e Enan tocamos e cantamos na subida da bandeira. Não quis cantar e dançar *(Ayana, 10 anos).*
>
> Gosto mais da Festa de São João porque é a mais tradicional. [O que é tradicional?] É muito conhecida, tem muito tempo, tem muita gente, tem ano aí que vem mais de mil pessoas. Por causa da fogueira, por causa da canjica. Toda festa tem uma comida. Amanhã ocê vai na Festa do Cruzeiro? Marina vai dar um bolo de fubá e café. Na de São João é canjica, arroz-doce *(Enan, 11 anos).*

Todas as meninas vão bem arrumadas para as festas, com penteados nos cabelos e algumas usam até um pouco de maquiagem. Para a Coroação, as meninas se vestem com túnicas brancas bordadas.

O envolvimento das crianças com as festas é demonstrado pelo clima instaurado entre elas durante os preparativos, e mesmo no decorrer das festas. Estão sempre animadas, alegres, descontraídas e sempre andam em pequenos grupos. Geralmente, com exceção das muito pequenas, participam até tarde da noite das festas, que não têm horário definido para acabar. Elas já estão acostumadas a ficar acordadas até bem tarde nos dias de festas.

A *Festa de São João*, por ser a que recebe mais visitantes, é aquela sobre a qual os adultos mais se ressentem de estar perdendo aos poucos as tradições. Muitos não querem mais passar sobre a brasa, porque perdem a concentração com o que consideram falta de respeito por parte dos visitantes que ficam gritando, lançando desafios, fazendo chacotas. Para Ágata, mãe de uma das crianças:

> Antes a festa era melhor, era de fé, terminava a reza, hasteava a bandeira, a gente ficava em volta da fogueira conversando até o amanhecer. Eu pegava o guarda-pó e ia trabalhar, era muito gostoso. Agora não dá mais para fazer isso, tem muita gente. Mas se não tiver forró vai diminuir o povo que só vem pra fazer bagunça *(Ágata, 35 anos).*

Essas mudanças ocorridas na *Festa de São João* vão aos poucos desestimulando as crianças em relação ao cumprimento do ritual de passagem sobre as brasas. Como muitos adultos não passam mais, elas não são incentivadas a fazê-lo, expressando inclusive o medo que têm de se queimar: "Eu não passo porque tenho medo, nunca vou passar, tenho medo." (Ayana, 10 anos). Segundo relatos dos adultos, muitos começaram a passar sobre a brasa ainda crianças, e o fizeram durante muito tempo como pagamento de promessas. No entanto, a maioria não o faz mais, justamente por considerar que a multidão que participa da festa, sem comungar da mesma fé, acaba tirando a concentração dos fiéis.

"CHEGOU A MELHOR HORA": PARTILHANDO A COMIDA

Vai ter arroz-doce depois da reza *(Kele, 9 anos).*

O arroz-doce depois da reza foi anunciado por Bruna: o doce seria oferecido por sua bisavó, Dona Bina. Ao final da reza para Nossa Senhora, em um dia do mês de maio de 2013, quando começaram a servir os copinhos com a iguaria, Kele corre para me dizer: "Num falei que vovó Bina ia fazer arroz-doce?"

O conceito de comensalidade talvez seja o mais apropriado para auxiliar na compreensão do que acontece em Mato do Tição em relação à partilha da comida. A comensalidade é comum em várias culturas e mostra como, com sua comida, um grupo expressa seus valores sociais. Existem modos diferentes de comensalidade, com componentes que vêm de diferentes tradições.

Para Pereira (2007), uma forte expressão da presença africana no Brasil relaciona-se à forma como são preparados diversos alimentos, os ingredientes e os temperos utilizados em cada um deles:

> O gosto por determinados ingredientes e a sua introdução na cozinha brasileira revelam, de alguma maneira, a necessidade que os africanos tinham de interagir com a realidade que lhe era apresentada (PEREIRA, 2007, p. 23).

Para o autor, o intercâmbio de sabores entre os povos indígenas, europeus e africanos representava também a troca de saberes. A feitura comunitária da comida, a partilha, o comer junto com muitas pessoas mostra, conforme observam Oliveira e Casqueiro (2008, p. 56), que a comensalidade, caracterizada como símbolo de paz e confiança, "é uma espécie de ritualização da partilha de alimentos, é fonte de prazer e ainda é um ato de sociabilidade e comunicação." Comer junto com os outros é viver a vida de forma comunitária. De acordo com Rogério Silva (2011, p. 108), entre os xacriabás, povo indígena do norte de Minas Gerais, a comida é compreendida como "um princípio de sociabilidade que demonstra trocas que ocorrem entre as famílias e estabelecem fortes vínculos sociais [...] e reside na ideia de comer junto." Esse princípio é resumido em um ditado citado pelo autor que é sempre retomado por uma mulher xacriabá: "União na vida e na comidaria."

Em pesquisa realizada na cidade de Salvador, Bahia, Oliveira e Casqueiro (2008) mostram como a comensalidade está presente em festas[56] típicas da cidade, destacando a grande influência afro-brasileira não somente nos pratos mas também nos ritos que envolvem o comer junto, o preparo comunitário e afetivo dos alimentos, e na solidariedade expressa na distribuição de comida a todos os presentes, convidados ou não. A tradição afro-brasileira do preparo e distribuição de comida em festas religiosas pode ser observada nas culturas marcadamente de origem nagô, por influência das comidas de santo nos terreiros de candomblé – onde são oferecidas comidas aos orixás em um diálogo íntimo com o sobrenatural –, e também nas culturas de influência banto, como as Guardas de Congado e Moçambique e Reinados de Nossa Senhora.

Nas festas das guardas, sempre é servida uma grande variedade de comida, que, no caso de Minas Gerais, geralmente é composta de pratos típicos, como tutu de feijão, feijão tropeiro, galinha ensopada, quase todos acompanhados de arroz, saladas e carne assada. Em muitos lugares, existe o costume de também servir doces e bebidas (refrigerantes ou sucos). Os finais das festas de congado são representativos de um tipo especial de comensalidade: são festividades abertas e todos que estiverem presentes comem, pois a fartura é outra marca sua, a comida é suficiente para todos.

A comida em Mato do Tição está presente de maneira marcante em todas as ocasiões festivas, não existindo uma festa sem comida. E cada da festa é feita a muitas mãos, seja para muitas, seja poucas pessoas. As crianças anunciam cada tipo de comida que será servida, dependendo da festa ou da ocasião. A afetividade com a comida do lugar é demonstrada pelos elogios às cozinheiras: "Tudo que vovó faz é bom", comenta Kênia (13 anos) com um grupo de meninas que acabara de se deliciar com a farofa de arroz que a avó dela preparara para o piquenique do passeio que organizamos para colhermos informações sobre como as crianças interagem com o espaço físico do Quilombo. Aliás, os preparativos para o passeio são outro exemplo do papel da comida e da importância de sua partilha no cotidiano dessa Comunidade: as próprias crianças foram logo dizendo o que levariam para o lanche. A bebida principal foi o suco de laranjas-creme[40], e para complementar refrigerantes e água. Quanto aos salgados elas levaram pipoca, coxinha, pão-de-queijo, quibes, farofa de arroz. O piquenique aconteceu justamente ao final do passeio. As crianças maiores ajudaram na distribuição da comida e todos comeram de tudo. A todo instante faziam comentários sobre aquele momento de comer, que para elas era a melhor hora, a hora de comer as coisas gostosas. Mesmo as comidas em pouca quantidade foram compartilhadas entre todos, para que ninguém ficasse sem experimentar.

A fartura de comida é uma realidade relativamente recente no Quilombo. Segundo Dona Bina, para colocar o de "cumê" dentro de casa, era necessário que todos da família trabalhassem muito. Desde criança, ela trabalhou praticamente todos os dias nas roças e na fabricação de farinha, que era vendida em Jaboticatubas, para comprar comida. O óleo utilizado para cozinhar foi, durante muito tempo, fabricado no próprio Quilombo e feito com coco macaúba. Dona Bina diz ainda que passou por muitas dificuldades quando se casou, pois faltava comida para ela e para os filhos.

> Melhorou pra todo mundo, Deus ajudou que... eu passei fome... [silêncio] muita fome, porque o que tava fazendo era a conta de comprá remédio pros menino, comprá re-

---

[40] Fruta também conhecida como limão-capeta (em Minas Gerais) e limão galego (em outras localidades).

> médio, não tinha roupa, não tinha sapato nem cumê. Pra cumê o tiquitim que tinha, passava na boca deles tudo e ficava todo mundo alegre. O home ia trabaiá levava aquele cumê esquisito e nós ficava dentro de casa com aquela lambedura de comida. Roupa não tinha também não, nós fazia esteira de palha de banana que nós fazia, pra nós dormir, não tinha colchão não, estendia, não tinha coberta também não, tinha coberta de retalho toda rasgada que nós cobria com ela (Dona Bina, 78 anos).

O relato de Dona Bina nos remete às heranças da escravidão. Para garantir sua subsistência no trabalho, o homem, numa condição de quase escravizado, leva a comida e deixa a família com uma "lambedura", uma vez que o salário não era suficiente para alimentar toda a sua família, composta de sua esposa e seus 15 filhos. A dieta, nessa época, era constituída de arroz, feijão, farinha ou angu e verduras, que eram plantadas nos quintais. O arroz, o feijão, a mandioca e o milho eram plantados pelos moradores em roças distantes dos locais de moradia, e dessa plantação se tirava o necessário para o consumo de subsistência. Quando as roças foram escasseando, passaram a comprar esses alimentos nos armazéns de Jaboticatubas e, na falta do dinheiro, ou a quantidade de comida diminuía, ou não era suficiente para alimentar a todos da família.

Em conversa informal com um grupo de crianças, elas foram listando os pratos que são oferecidos nas festas, além daqueles que são vendidos para a arrecadação de fundos para as outras comemorações e geração de renda para as famílias. Durante a *Folia de Reis*, os moradores de cada casa oferecem aos participantes café, balas, bolo, linguiça frita ou outro alimento que tiver disponível, além de cachaça para os adultos.

Na *Festa de São João*, por sua vez, a comida é a canjica, que fica cozinhando desde o amanhecer do dia 23 de junho até o final da tarde do mesmo dia. A canjica é feita por um grupo de pessoas de fora da Comunidade e é preparada em grandes panelas em fogão a lenha no quintal da festeira. A iguaria é distribuída à noite, gratuitamente, para as centenas de pessoas presentes. Nessa festa, as crianças apreciam muito as comidas vendidas nas barracas: caldos quentes, pipoca, salgados, refrigerantes, maçã do amor, beijo quente (amendoim torrado com açúcar queimado e chocolate), amêndoas (amendoim torrado com açúcar branco), chá de amendoim (leite fervido com amendoim e açúcar). Também nesse dia, durante o processo de feitura da festa (montagem da fogueira, ornamentação da Capela e do quintal e montagem das barraquinhas), é servido um almoço para todos aqueles que estão ajudando e para os visitantes, cinegrafistas, fotógrafos e pesquisadores presentes. O almoço é feito pelas mulheres mais próximas de Dona Divina, a festeira anfitriã da *Festa de São João*, que também deixa disponível um garrafão de cachaça para os homens que trabalham na montagem da fogueira.

Todos os sábados do mês de maio, após a Coroação, distribui-se aos presentes algum alimento doce, como arroz-doce, saquinhos com guloseimas, canudinhos de doce de leite, doce de leite em pedaços. De acordo com Kosby (2007), que pesquisou a contribuição negra para a tradição doceira de Pelotas, no Rio Grande do Sul, o oferecimento de doces ao fim de celebrações religiosas é considerado como um "presente" ou um "agrado". No caso de seu estudo, um agrado aos orixás e aos participantes das festas do terreiro, é intitulado "Axé-doce". Os doces oferecidos em Mato do Tição são principalmente para o agrado das meninas que participam da Coroação, mas também são oferecidos para os demais presentes. As próprias crianças participam da distribuição dos doces. Ao final das celebrações, nas noites de sexta-feira de maio, são servidos chás de erva-cidreira, café e biscoitos feitos por Dona Bina. Durante os finais de semana de maio, sempre após a reza do terço, para gerar renda, são vendidos pastéis e caldos, gerando dinheiro para a festa de encerramento do mês. Também nos leilões para arrecadação de fundos para a festa, sempre são oferecidas prendas como frango assado, linguiça frita, bolos, rosca, amendoim caramelizado, doce de leite e vinhos.

Já na Reza do Cruzeiro oferece-se o quentão para os adultos e café com broa para todos os presentes no final da reza. Na *Festa dos Três Santos*, realizada no último domingo de maio, logo após a celebração da missa e o hasteamento das bandeiras, por sua vez, é servido um farto almoço preparado comunitariamente. É um trabalho feito devagar, que leva mais de um dia, e realizado pelas mulheres da Comunidade mais próximas de Dona Nilse (noras e filha), vizinhos e outros parentes. Geralmente na sexta-feira é temperada a carne, no sábado ela é preparada no fogão a lenha, também nesse dia é cozinhado o feijão e são lavadas as verduras (couve e alface). No domingo, dia da festa, são feitos o arroz, o tutu de feijão ou feijão tropeiro e as saladas. Enan nos conta que costumam oferecer mais a carne de frango, porque segundo ele é a mais barata, mas há também carne de porco junto com arroz, tutu de feijão, macarrão e salada de folhas, além de um docinho de leite como sobremesa e refrigerantes.

Nas festas de aniversário, o prato principal é uma comida típica do lugar –feijoada, galopé[41], galinhada ou ora-pro-nóbis[42] com carne –, seguida de bolo e alguns doces. As crianças costumam guardar alguma coisinha para levar para irmãos ou parentes que não puderam participar da festividade: um doce, uma bala, um pedaço de bolo, uma vasilha com comida. A partilha de comida entre elas é muito comum e natural. Se uma criança aparecer no grupo comendo alguma

---

[41] O galopé é feito de galo cozido juntamente com pé de porco, geralmente servido acompanhado de arroz.

[42] Ora-pro-nóbis é uma verdura típica de Minas Gerais, servida principalmente com angu (feito de fubá e água), arroz e algum tipo de carne, como frango, suína ou bovina. Essa é uma iguaria muito apreciada em todo o estado de Minas Gerais. Na cidade de Sabará, todos os anos, é realizado o *Festival da Ora-pro-nóbis*. Segundo tradições populares, o nome teria sido atribuído por pessoas que colhiam a planta no quintal de um padre, enquanto ele rezava em latim: *Ora pro nobis* ("Rogai por nós"). A planta é também conhecida como Lobrobô ou Lobrobó. É uma hortaliça com alto valor nutritivo e de fácil cultivo, que, por ser rica em proteínas, é conhecida popularmente como "carne dos pobres".

coisa, imediatamente ela oferece a todos e dá um pedacinho para cada um que quiser; quando não o faz, logo outra criança chamará a sua atenção para que não coma na frente das demais. Aqui estamos diante de uma prática de reciprocidade entre os pares, aprendida na família.

As crianças também gostam muito das frutas de temporada, tais como jabuticabas, mangas, abacates, bananas, canas e coquinhos, que dão em abundância nos quintais. As frutas verdes são proibidas para as crianças, principalmente a manga verde, que é considerada "venenosa" porque verte um leite quando não está madura.

Os chás são comuns para tratar algumas doenças, como gripe, dor de barriga, dor de estômago e dor de garganta. Os mais usados, segundo Dona Bina, são: macela, manjericão, hortelã e funcho. Para os visitantes, sempre haverá um café ou suco de laranja-creme acompanhado de bolinhos fritos, biscoitos ou broa.

A base da dieta alimentar das famílias é constituída de arroz, feijão, verduras, legumes e algum tipo de carne ou ovos e, às vezes, peixes[43], além de outros complementos como farinha de mandioca e alimentos preparados com milho, como angu, mingau, canjiquinha, canjica branca (cozida no leite com açúcar, canela, amendoim e coco).

O leite que consomem é comprado e entregue todos os dias por uma pessoa que o traz diretamente de uma fazenda próxima em garrafas plásticas pet. Dona Firmina conta que não havia abundância de leite no seu tempo de menina, e que passou a ser consumido com mais frequência em sua casa depois que seu marido começou a trabalhar em uma fazenda próxima cuidando de gado. A oferta maior de leite possibilitou a ela fazer o doce de leite e os canudos que as netas vendem em Jaboticatubas.

---

[43] O peixe era mais comum na dieta, quando podia ser pescado no córrego localizado no fundo das casas. Atualmente, seu consumo tem diminuído por causa da diminuição do fluxo das águas e também pela poluição. Mas ainda se pratica a captura de peixes com o jequi, que é uma armadilha feita de palha e deixada no final da tarde dentro da água e recolhida somente no dia seguinte.

Durante a atividade do passeio pelo Mato do Tição, as crianças se interessaram pelo processo de feitura do doce de leite e dos canudos que são recheados com o doce. Dona Firmina contou que aprendeu a fazer doces ainda menina, com sua avó, mãe de seu pai, que fazia todo tipo de doce, alguns inclusive que nem são feitos mais, como o doce de palmito e o de mandioca. Os canudos recheados com doce de leite fazem a alegria das crianças e dos adultos, principalmente nas festas de aniversário na casa de Dona Firmina.

As verduras consumidas na Comunidade são plantadas nas hortas, assim como as frutas e os ovos, que são das criações existentes em praticamente todos os quintais. A produção de alimento é também fonte de renda de algumas famílias, que produzem doces, salgados, biscoitos, além de venderem ovos, temperos, frutas e verduras.

Em ocasiões especiais como o *Natal*, matam-se porcos e galinhas que são criados ao longo do ano. O consumo de caça como paca, coelho, capivara e outros já foi muito comum, mas, hoje, segundo os mais velhos, tem diminuído bastante.

NEM TUDO É FESTA: AS CRIANÇAS TAMBÉM TRABALHAM

As crianças da Comunidade assumem diversas tarefas cotidianamente, sobretudo as atividades domésticas. A realização de tarefas domésticas pelas crianças se dá como algo que contribui para a constituição de seu pertencimento à família e à própria Comunidade em que nasceram e vivem. No entanto, é válido apresentar algumas questões e preocupações quanto ao trabalho infantil e à necessidade de realização de um diagnóstico da atual situação das comunidades quilombolas brasileiras nesse sentido.

Algumas considerações sobre o trabalho infantil

O trabalho infantil é um fenômeno social presente ao longo de toda a história do Brasil. Suas origens remontam à

> colonização portuguesa e à implantação do regime escravagista. Crianças indígenas e meninos negros foram os primeiros a sofrerem os rigores do trabalho infantil em um país que, de início, estabeleceu uma estrutura de produção e distribuição de riqueza fundamentada na desigualdade social. O posterior processo de industrialização correlato da transformação do Brasil em uma economia capitalista manteve intactas tais estruturas, obrigando o ingresso de grandes contingentes de crianças no sistema produtivo ao longo do século XX (BRASIL, 2004, p. 13).

A realização de tarefas domésticas e a participação nas atividades produtivas pelas crianças são comuns em diversas culturas. Como dito anteriormente, ao longo da história do Brasil as crianças desenvolveram diversas atividades dentro e fora de suas casas, em muitas situações em condições precárias, insalubres e perigosas. A legislação brasileira proíbe o trabalho para crianças e adolescentes abaixo de 16 anos e o permite, na condição de jovem aprendiz, para os maiores de 14 anos.

A discussão sobre o trabalho infantil é muito complexa, principalmente na perspectiva do uso da mão de obra de crianças e adolescentes por parte de terceiros, não pertencentes ao núcleo familiar delas. Apesar da crescente diminuição do trabalho infantil (TI) no Brasil nas últimas décadas, devido aos esforços empreendidos ao seu combate, estamos longe de sua completa erradicação. Destaca-se o emprego de crianças do sexo feminino como trabalhadoras domésticas, prática ainda não extinta na sociedade brasileira. Também não é raro o emprego da mão de obra infantil em carvoarias, canaviais, pedreiras etc.

Segundo dados do Plano Nacional de Prevenção e Erradicação do Trabalho Infantil (2019-2022), as crianças negras e indígenas foram as que mais sofreram com a exploração de sua força de trabalho ao longo dos séculos. Esse quadro não foi alterado ao longo do tempo, considerando-se que 66,2% das crianças que trabalham são negras, 33,3% são brancas e 0,3% são indígenas ou amarelas. A maioria delas exerce atividades agrícolas e domésticas e muitas, cerca de 55%, não recebem nenhuma remuneração pelo seu trabalho. Além disso, entre o total das que trabalham, 6,0% estão fora da escola[44]. Esses dados são preocupantes e merecem a atenção de pesquisadores e das políticas públicas.

Trabalho infantil nas comunidades quilombolas

Quanto às populações quilombolas brasileiras especificamente, não foram encontrados dados sistematizados sobre o TI. Sabe-se, no entanto, que ele existe e que, em alguns casos, as condições de trabalho são degradantes. As poucas informações encontradas oficialmente sobre o TI em quilombos são derivadas de diagnósticos para implementação de programas do Ministério do Desenvolvimento Agrário (MDS). Nesses diagnósticos, estão presentes intenções quanto à necessidade de erradicação do TI nessas comunidades com a implementação de diversos programas, entre os quais o Programa de Erradicação do Trabalho Infantil (PETI). Programas como esses foram criados para confrontar o mundo do trabalho na sua dimensão degradante, mas não conseguem dialogar com outras configurações de trabalho presentes nas comunidades que não se enquadram nessa condição, mesmo que estas integrem particularidades quanto à forma de organização das famílias para a garantia de seu sustento. Uma dessas particularidades é a de que todos da família precisam colaborar na execução de determinadas atividades produtivas, inclusive as crianças. Portanto, torna-se necessária a realização de mapeamentos mais consistentes, visando à distinção entre trabalhos degradantes e opressivos e aqueles que integram práticas tradicionais das comunidades, tanto para as crianças como para os adultos.

---

[44] *Plano Nacional de Erradicação do Trabalho Infantil*

O pesquisador Sandro Silva (2012) desenvolveu um estudo no qual denuncia as condições de trabalho de crianças em carvoarias em quilombos dos municípios de São Mateus e Conceição da Barra, no Espírito Santo. Notícias recentes veiculadas na mídia nacional apresentaram denúncias alarmantes quanto à existência de tráfico de crianças, em sua maioria meninas, para o trabalho doméstico e prostituição infantil na comunidade Kalunga, localizada no munícipio de Cavalcante, em Goiás:

> Quilombola da comunidade do Engenho, Dalila Reis Martins, de 28 anos, contou na audiência pública que meninas kalunga vêm sendo submetidas há décadas ao trabalho infantil e a abuso sexual. Muitas delas seriam vítimas de uma rede de aliciadores que levaria meninas quilombolas para Brasília, Goiânia e Minaçu (norte de Goiás). Dalila passou por essas violações durante a infância e a adolescência. Foi submetida a trabalho infantil em Cavalcante e Brasília. Hoje trabalha para acolher outras meninas quilombolas na mesma situação (NUNES, 21 abr. 2015).

Essas denúncias referentes à comunidade Kalunga apontam para a urgente necessidade de se empreender um diagnóstico nacional sobre o TI nas comunidades quilombolas, visando oferecer dados para subsídios a políticas públicas de desenvolvimento das comunidades quanto à geração de emprego e renda, condições de moradia e saneamento básico, segurança alimentar e acesso a uma Educação de qualidade desde Infantil.

Beatriz Caitana da Silva (2013), em estudo sobre a invisibilidade de crianças quilombolas nas políticas públicas, destaca a existência do TI em quilombos e as estratégias de ocultamento da existência dele por parte da população. Esse ocultamento é fruto, segundo a autora, do temor das famílias de serem punidas por colocarem suas crianças para trabalhar, principalmente nas atividades domésticas e nas roças. No entanto, ela chama a atenção para a necessidade de pensar as realidades quilombolas sem homogeneização, uma vez que cada comunidade tem suas particularidades quanto às atividades produtivas.

> O trabalho infantil é um exemplo paradigmático deste processo de ocultação. Ele estabelece uma relação paradoxal quando analisado no contexto das comunidades. A construção social que versa sobre o trabalho infantil, entende-o como algo que reduz o bem-estar social e a qualidade do desenvolvimento psicossocial das crianças, em grande parte por aumentar a evasão escolar, o que é verdade. Mas quando tratamos das crianças quilombolas, é preciso considerar as singularidades de comunidades que se constituem no e pelo trabalho na terra. É um contrassenso, mas arriscamos afirmar que, no caso dos quilombolas, é necessário analisar este tema face a relação existente entre laços de parentesco e o "trabalho na roça". Ou seja, uma das características do campesinato é o envolvimento dos familiares no trabalho com a terra e, deste modo, é através da participação das crianças nessas atividades que elas constroem seus modos de estar no mundo, apreendem valores e pressupostos ideológicos que darão sentido à sua vida no tempo presente e no tempo futuro (SILVA, 2013, p. 7).

Concordo com a autora quanto à necessidade de se analisar o trabalho realizado por crianças sob outras perspectivas, para além puramente da nocividade do TI. É primordial ter duas perspectivas: uma baseada em diagnósticos que visem à promoção da erradicação dos trabalhos degradantes e insalubres, que roubam o tempo das crianças e dos adultos para as atividades de lazer, de estudo e da convivência comunitária; e outra que considere as questões culturais relacionadas à participação das crianças nas atividades produtivas das famílias e suas tarefas domésticas.

Estou, com isso, buscando maneiras de analisar as diferentes formas sob as quais pode aparecer o exercício do trabalho pelas crianças em suas comunidades. Aqui, faço uma análise da realização de tarefas pelas crianças que se enquadram nessa segunda perspectiva, ou seja, do seu engajamento em atividades que não se dá de forma violenta, de exploração e nem de usurpação de seu tempo de estudo, lazer e brincadeira[45]. Nessas atividades, as crianças estão aprendendo a respeito de sua cultura. O trabalho é uma prática social constante na vida das pessoas de Mato do Tição, e será por meio da história da população negra no Brasil que se poderá compreender como essa prática foi incorporada ao seu cotidiano de vida.

A presença dos africanos na diáspora se deu pela sua inserção no trabalho compulsório, a partir da experiência da escravização. Diferentemente do caso do indígena, que, ao ser escravizado, possuía já uma relação ancestral com essas terras e com suas formas de trabalho. Ao africano, na diáspora, foi imposto outro tipo de relação com a terra e com o trabalho, forjada nas imposições do serviço compulsório. De acordo com Mattoso (1982), os escravizados foram socializados pelo trabalho, e essa socialização se deu por um engenhoso sistema de coerção sob disciplina rígida, castigos físicos, trabalho exaustivo e degradante.

Segundo Vainfas (1986), durante o período da escravidão, à medida que o sistema escravista se consolidava no Brasil, além do árduo trabalho realizado nas terras dos seus senhores, em algumas localidades os escravizados recebiam o "direito" de cultivar um pe-

---

[45] Em realidade, segundo as próprias diretrizes da OIT (Organização Internacional do Trabalho), há o entendimento de que nem toda atividade realizada por crianças dentro da propriedade familiar configura trabalho infantil. Segundo o texto introdutório do IPEC, que pode ser encontrado no site da OIT, "tarefas apropriadas para a idade da criança, que não ofereçam risco, que sejam supervisionadas pelo responsável e que não interfiram em sua atividade escolar ou tempo de lazer, podem ser uma parte normal de uma infância em um ambiente rural." Além de normais, elas podem, ainda, "ser positivas, na medida em que contribuem para a socialização e transmissão de conhecimentos entre gerações, bem como para a segurança alimentar da criança."

queno pedaço de terra para a sua subsistência, a chamada "brecha camponesa", que foi sendo legitimada com o passar do tempo. As longas jornadas de segunda a sábado eram complementadas com o trabalho nas roças aos domingos. Portanto, o escravizado "habituou-se" ao trabalho exaustivo e ininterrupto. Mas foi pelo plantio de roças para sua subsistência que conseguiu relativa autonomia, podendo até, em alguns casos, comercializar os excedentes.

Contudo, todo esse sistema contribuiu mais para a manutenção da escravidão do que para a emancipação dos escravizados, forjando, ainda, um modo de fixação do trabalhador nas grandes plantações. Trabalhando em suas roças, esses indivíduos livravam os senhores do ônus do seu sustento. O trabalho exaustivo imputado ao escravizado foi uma forma de socialização à ordem escravista. A cultura do trabalho, incorporada aos modos de viver dos africanos no Brasil e de seus descendentes, foi originalmente forjada em seu processo de adaptação e socialização em terras brasileiras.

É do trabalho que o povo de Mato do Tição tira o seu sustento, e no passado isso significou produzir quase tudo o que se consumia. Apesar de hoje isso ter se modificado na Comunidade, jovens e adultos trabalham intensamente em atividades dentro e fora do Quilombo, e as crianças têm um papel importante nesse processo de manutenção da sobrevivência pelo trabalho. Elas são colaboradoras principalmente na execução das tarefas domésticas, substituindo suas mães, tias e avós enquanto elas exercem atividades remuneradas em diversos ofícios.

Atividades e tarefas exercidas pelas crianças no Mato do Tição: uma forma de inserção na vida social da família e da Comunidade

> Mas este "mundo" [do trabalho] e os seus círculos de relacionamentos são parte importante da vida de crianças e de adolescentes das comunidades populares. E a própria família nuclear, o próprio grupo do-

méstico acabam por ser o primeiro círculo de "vida de trabalho" para as crianças. Em muitas casas é comum que crianças com menos de oito anos sejam iniciadas nos pequenos serviços domésticos das "ajudas" às mães e aos pais. Daí em diante para um número grande e crescente de crianças, o trabalho – os seus tempos, as suas redes e a lógica de suas relações – farão parte da vida cotidiana (BRANDÃO, 2002, p. 206).

Ao longo da pesquisa de campo, fui percebendo que o trabalho faz parte da vida das crianças e, claro, dos jovens, adultos e idosos de Mato do Tição. As atividades mais executadas são aquelas associadas aos cuidados com a casa e com as crianças pequenas. Na atribuição das atividades, podemos distinguir quais são mais comumente atribuídas às meninas e quais aos meninos. Enquanto os meninos executam tarefas relacionadas aos cuidados com a horta, coleta de lenha para o fogão, varredura do quintal, retirada de água da cisterna, as meninas realizam praticamente todos os tipos de atividades de cuidados com a casa: limpeza, arrumação, lavar e passar roupa, varrer quintal, fazer comida e cuidar dos irmãos e/ou primos mais novos.

Sobre as meninas, parece recair um peso maior dos trabalhos domésticos, à medida que "vão se tornando mocinhas" (a partir dos 10 anos). Mas, desde pequenas, já por volta dos 5 anos de idade, realizam algumas atividades básicas, como lavar vasilhas e dobrar as cobertas da cama. Os meninos, por sua vez, dispõem de uma gama menor de atividades, mas geralmente a partir dos 15 anos já começam a trabalhar fora juntamente com pais e tios em atividades como ajudante de pedreiro, marceneiro, caseiro, vaqueiro etc. Duas meninas, além das atividades domésticas que exerciam em suas casas aos sábados, vendiam canudinhos de doce de leite fabricados por sua avó no centro do município de Jaboticatubas. Uma delas, de 14 anos, trabalhava como monitora de um transporte escolar. Muitas das atividades são aprendidas espontaneamente pelas crianças, olhando os outros fazerem e, em algumas circunstâncias, contam com a ajuda da mãe, da avó ou da tia.

Diferentemente das crianças dessa nova geração, os mais velhos não tiveram a mesma sorte, e relatam situações exaustivas de trabalho como alternativa à própria sobrevivência e da sua família. Além disso, os seus estudos ficaram prejudicados devido à longa jornada de trabalho nas roças e em casa.

> Em Jaboticatubas, estudei até o segundo ano e saí pra trabalhar, longe... plantar milho, arroz, feijão. Às vezes tava um tempo frio como tá esses dias, nós os irmãos e tudo cortando arroz e nós amarrano e carregano, e depois ia bater o arroz com vara outra hora punha um toco lá e nós batia no toco, pegava os punhado e batia para despencar o arroz. Meus irmãos punha ele no terreiro no jeito já os cachos, ali ele enchia o terreiro e batia com vara para poder despencar. Era esse arroz que plantava e que comia, arroz, feijão...
>
> Aquele coquinho... nós saía cedo passava a mão num saco de alinhagem que tinha de primeiro, virava alto, descia o morro, não tinha coco direito no pasto, caía dentro d'água, entrava dentro d'água, puxava o coco naquele redemoinho da água e jogava pra fora e punha no saco, subia alto até chegar aqui em cima pra virar pra cá, um mucado dele nós levava, na fábrica. Nós vendia ele, dava nós dinheiro e nós comprava um mucadinho de cada coisa.... eles fazia gordura, o óleo, azeite amarelo e fazia sabão. E o coquinho fazia gordura de coco pra comer. Mas nós não comprava não, eu mesmo fazia a gordura. Quebrava o coco, punha no pilão, torrava, peneirava, tornava a pôr no pilão e socava até ele melar, socar melar, quando melava colocava na panela e frevia na água e frevia até secar e quando secava e subia a gordura por cima e panhava com a colher, punha água naquela borra, subia e a gente panhava com a colher e com a gordura nós fazia cumê, nós fazia. Não deu jeito de morrer não né, Deus deu jeito pra tudo, e não deu pra quem tem preguiça, pra quem tem preguiça, preguiça não leva

> ninguém a lugar nenhum não. E assim nós vivia, gordura de coco, gordura de coco *(Dona Bina, 78 anos).*

Como já dito, o tempo tanto para os estudos quanto para as brincadeiras era escasso. Dona Bina conta que não conseguiam passar de ano na escola, pois não tinham tempo para estudar. Nos dias de provas não conseguiam fazê-las, pois muitos deles haviam trabalhado até tarde da noite anterior fazendo farinha e acabavam desistindo de continuar estudando. Ela se refere a uma época em que o alimento era produzido pelas pessoas da Comunidade, que tinham uma outra relação com a terra, diferente da que as atuais gerações vivenciam. O alimento, em sua maioria, não é mais produzido ali, e sim comprado. Isso gera um impacto na vida das crianças, que pode ser visto na brincadeira de restaurante: um reflexo dessa mudança de relação quanto à produção do alimento e seu consumo.

Dona Firmina (57 anos) também relata que trabalhava muito e que só estudou até o quarto ano:

> Ah! Eu trabalhava muito. A vida minha era muito corrida, muito atribulada. Lavava vasilha, varria terreiro, buscava lenha, lavava roupa pra minha tia... ela tinha aquela meninada e eu que lavava a roupa pra ela, socava o arroz... naquele tempo era arroz vermelho e a gente socava no pilão. Punha bicarbonato e folha de goiaba pra clarear e socava, socava no pilão. Eu gostava muito de escola, mas não tinha tempo de fazer o dever, não tinha tempo. Eu começava a fazer dever e vovó arrumava um trem pra eu fazer, ela falava "que tanto de prova é essa?", não me dava sossego, eu não parava. Aí eu fui até o quarto ano só. Tinha uma dona na fazenda Henrique Nogueira, na Fazenda de Baixo, ela era professora e pediu pra papai pra eu e minha irmã ficar na casa dela que ela ia ensinar a gente, dá material e tudo. Nós tinha que arrumar a casa pra ela. Mas papai não deixou, ele não gostava de ficar longe de nós. Nós nunca contrariou pa-

> pai, ele nunca deixou a gente trabalhar na casa dosotro. Mas eu trabalhava era muito aqui em casa, não ficava parada. Era mais trabalho que brincadeira, larguei as bonecas pra lá, eu começava a brincar e vovó chamava pra fazer alguma coisa. Acho que é por isso que eu não acho nada pra me interter, só trabalhar, o dia inteiro mexendo, não sei ficar parada, cada hora eu invento uma coisa pra fazer *(Dona Firmina, 57 anos).*

Por tudo isso, Dona Firmina estranha quando pede alguma coisa a algum neto ou neta e eles reclamam. Ela diz que "os meninos de hoje já nasceram cansados". Por sua vez, tanto Acotirene (35 anos) quanto Luíza (30 anos), de uma geração posterior à de Dona Firmina, também relatam que sempre trabalharam muito desde pequenas. Acotirene cuidava dos cinco irmãos pequenos durante boa parte do dia e, ao mesmo tempo, aproveitava para brincar de casinha, fazendo brinquedos. Ela também carregava água do córrego e arrumava a casa. Luíza, ainda com 7 anos, foi trabalhar numa casa de família para poder comprar material escolar e roupas. Depois do trabalho, ajudava a avó a fazer rapadura para vender. Apesar de tudo isso, Luíza completou o Ensino Fundamental e Acotirene é uma das poucas pessoas do Mato do Tição que possui o Ensino Médio completo.

O trabalho infantil tinha uma dimensão maior para as outras gerações do que tem hoje para as crianças da Comunidade. Elas não precisam mais realizar trabalhos exaustivos como seus pais, mães e avós, que os faziam como condição necessária e básica para a sobrevivência. Atualmente, as crianças trabalham como auxiliares de seus familiares, e parece que o tempo destinado ao trabalho não esvaziou o tempo dos estudos nem das brincadeiras. As crianças dessa geração atual são as primeiras a seguirem nos estudos sem interrupções, sem deixar de dispor de bastante tempo para as brincadeiras e outras atividades de lazer. As atividades que exercem não são encaradas pela maioria como um peso. Elas reconhecem que são importantes para a manutenção das vidas de suas famílias. Algumas dizem que gostam do que fazem. Como geralmente ficam boa parte do tempo sozinhas, elas encontram estratégias para adiar ou antecipar o cumprimento das tarefas: fazem hora, chamam uma amiga para ajudar, fazem depressa antes de a mãe chegar.

APELIDOS E IMPLICÂNCIAS: OS CONFLITOS ENTRE AS CRIANÇAS

> Quando olhamos com atenção para o conflito nas interações entre pares de crianças, especialmente para as brigas e discussões verbais, percebemos que tais conflitos geralmente servem para fortalecer as alianças interpessoais e organizar os grupos sociais **(Goodwin)**.

Os conflitos são comuns e inerentes a qualquer processo de interação entre crianças e entre elas e os adultos. Para Corsaro (2011), esses conflitos entre crianças podem ser compreendidos como mais uma faceta dos processos de interação entre pares e devem ser analisados à luz de suas características culturais e interpessoais, e não individualmente.

O autor observou disputas verbais entre crianças negras estadunidenses, às quais denominou *conversas de oposição*, e, para ele, essa "é a forma de implicar brincando e de conversar confrontando que algumas crianças afro-americanas frequentemente usam para construir suas identidades sociais." (CORSARO, 2011, p. 187). É por meio de brincadeiras jocosas e duelos verbais que elas se afirmam perante outras crianças, lançando espécies de desafios em que elas se provocam com palavras, exposição de feitos, posses e características pessoais. Raramente as crianças que se envolvem nessas conversas de oposição reagem negativamente e, no caso das crianças afro-americanas, essas conversas são valorizadas como parte do "jogo verbal diário". Ou seja, longe de criar inimizades, os duelos verbais reforçam a capacidade na habilidade de participar de situações conflituosas que são inerentes às vidas das pessoas. Longe de expressar mera agressividade, esse estilo de discussão fortalece os laços de amizade e a solidariedade grupal. As "brigas" ou "duelos" são momentâneos e as crianças não ficam "de mal"[46] umas das outras por causa disso.

Apesar de Corsaro ter observado esse tipo de interação na pré-escola, sua análise ajuda a compreender alguns conflitos que são comuns entre as crianças de Mato do Tição observadas em campo, principalmente entre meninos e meninas. Normalmente, são lançados apelidos como: baleia, "Ronaldo", tição, "Terezão", "cavala branca", "gata branca", bambu, africana, formiguinha etc. Para cada apelido, elas fazem a réplica devolvendo outro na mesma linha, ou seja, relativo às caraterísticas físicas e de personalidade, como neste exemplo dado por Dandara (12 anos): "O Samora me chama de branquela, bambu e eu chamo ele de tição e negrinho do pastoreio." Perguntei a ela qual era a diferença entre esses apelidos e os "apelidos" – como a expressão "Todo mundo do Matição é macumbeiro", citada por Addaê – que elas recebiam na escola. Ao que a menina responde: "Aqui todo mundo é amigo e se conhece. Lá é racismo, eles não conhecem e ficam falando."

As características apontadas nos apelidos se referem geralmente à cor da pele, ao cabelo, à altura, se é gordo ou magro, nome de avó etc. Keezy às vezes é chamada de Terezão pelas colegas, em referência a sua avó paterna, que se chama Tereza. Kele e Dandara, por serem brancas, altas e magras são chamadas de branquelas, bambu, cavala branca, gata branca, e elas devolvem atacando com nomes como tição (por Samora ser preto), africana (por Keezy ter o cabelo crespo, "sarapuado" nos dizeres de Kele). Sissy é chamada de "Ronaldo" por Enan pelo fato de ser gordinha, em comparação ao jogador de futebol, e ela devolve chamando Enan de formiguinha, por ele ser magrinho.

Quando questionadas se "ficam de mal" por causa disso, todas são unânimes em responder que não. Elas acham graça e

[46] Expressão usada por uma menina de Mato do Tição ao explicar que a troca de apelidos era de brincadeira e que "ninguém fica de mal de ninguém por causa disso".

dizem que "é chumbo trocado". Kele repete que como todos se conhecem acabam achando engraçado. Apesar de dizerem que não se importam muito com os apelidos, principalmente àqueles depreciativos de sua aparência, convém observar que os apelidos empregados por crianças que não são de Mato do Tição geram insatisfação e de reações negativas por parte das crianças da Comunidade. Essa é uma situação complexa, que exige reflexões mais aprofundadas. Sabemos que as relações raciais no Brasil são conflituosas e que a troca de apelidos depreciativos das características étnico-raciais precisa ser situada nesse contexto em que principalmente as crianças negras são hostilizadas por sua cor de pele, textura de seus cabelos, formato do nariz e da boca.

Isso posto, pode-se concluir que as crianças de Mato do Tição não estão imunes aos efeitos do racismo. Mesmo dizendo que não se importam quando esses apelidos são ditos dentro do contexto da Comunidade, elas expressam visões negativas do ser negro e do ser branco. Diante das desigualdades raciais existentes no Brasil, tais apelidos podem ser vistos como expressão do preconceito racial aqui existente. A carga negativa que há na categoria de apelidos dirigidos a crianças negras – na figura de alcunhas como tição, negrinho do pastoreio, africana – não tem a mesma proporção quanto a categoria branca – na figura de alcunhas como branquela, cavala branca, gata branca –, pois sabemos das vantagens de ser branco e das desvantagens de ser negro resultantes dos processos de constituição das relações raciais no Brasil. Como ressalta Fazzi:

> O fato de existirem categorias de xingamento derivadas tanto da categoria *branca* quanto da categoria *negro/preto* não significa que elas tenham a mesma carga negativa e ofensiva e que atinjam de forma semelhante a autoestima das crianças (2004, p. 164).

Tanto Kele quanto Dandara não demonstraram em suas falas uma consciência da vantagem de serem brancas, pelo contrário, elas reconhecem que a maioria das pessoas da Comunidade são negras e que suas avós, bisavôs, bisavós e mães são negros e elas não gostam quando pessoas, principalmente na escola, discriminam os seus parentes por serem negros. Dandara cita inclusive a expressão racista (já dita aqui) ao dar exemplo do que os colegas de escola dizem sobre as pessoas de Mato do Tição.

Na situação exposta aqui, percebe-se as ambiguidades das relações e dos discursos raciais no Brasil, ambiguidades marcadas por contradições quanto à constatação da existência de preconceito racial e racismo no Brasil e pela dificuldade em assumir que determinadas atitudes pessoais são preconceituosas. Portanto, convém problematizar os conflitos entre as crianças para não naturalizarmos todos como salutares.

Não há dúvida de que na interação entre pares os conflitos são característicos e inerentes à sua socialização. Contudo, não se pode ficar alheios à possibilidade de os conflitos baseados em xingamentos e "brincadeiras" a respeito da aparência física e das características raciais das crianças poder se tornar um competente mecanismo de afirmação de relações sociais preconceituosas. Nesses conflitos entre elas, afinal de contas, pode-se encontrar correspondentes de conflitos mais amplos que marcam a sociedade brasileira.

Além dos apelidos trocados, existem pequenas discussões entre as crianças de diversas idades a respeito de brincadeiras, disputas de fala, disputas por algum brinquedo ou material. A defesa dos irmãos pequenos também era motivo de conflito entre elas, que entravam em embates nos casos de agressão e xingamentos aos pequenos. Igualmente, são comuns as implicâncias com determinadas crianças por serem consideradas "certinhas" demais ou despreocupadas em relação às obrigações domésticas. Uma situação especial foi observada com Kele, que morava com os avós e era hostilizada por não atender aos chamados da avó para cumprir suas obrigações em casa. Chamavam a atenção da menina, algumas vezes em tom de xingamento, para que fosse atender a avó.

Kele, como as demais meninas, fazia corpo mole para realizar suas tarefas, o que deixava as outras crianças nervosas. Quando perguntadas sobre o porquê de tanta implicância, responderam que Kele deixava sua avó muito tempo esperando e que elas não aprovavam tal comportamento pelo fato da avó ser muito doente e precisar da ajuda dela. Nessa espécie de conflito, identifica-se o posicionamento efetivo das crianças diante de situações que elas vivenciam cotidianamente e que estão associadas à questão da solidariedade grupal, aqui expressa na preocupação com uma pessoa mais velha e com a saúde abalada. O auxílio da neta é fundamental, negá-lo, portanto, para o grupo, seria errado.

As meninas assumem o lugar de chamar Kele para a sua responsabilidade no cuidado com a avó. Esse mesmo cuidado deveria ser dispensado nos casos dos irmãos mais novos e nos casos de doença dos pais, tios e outros parentes, mas o atendimento aos mais velhos consta como prioridade. Em casos especiais, como neste da avó de Kele, que tinha[47] problemas de locomoção e de saúde que a impossibilitavam de exercer algumas atividades, a prioridade era ainda maior. As crianças geralmente obedecem aos mais velhos, e talvez a implicância com a menina seja justamente por ela fazer corpo mole numa situação em que deveria ser mais prestativa.

Essas discussões também estão presentes entre as crianças pequenas. Transcrevo aqui uma conversa de Laila (3 anos) com Addaê (5 anos) sobre ela não querer participar da oficina de capoeira realizada durante o primeiro semestre de 2013:

> P.: Por que você não está brincando de capoeira?
>
> L.: Minha mãe não deixou.
>
> A.: Deixou, sim.
>
> L.: Eu não quis querer.

[47] A avó da menina faleceu no final do ano de 2014.

> [As crianças pequenas continuaram brincando em um canto, pegaram folhas e flores que caíam da árvore, Addaê com um carrinho pequenininho, Laila e Hanna catando folhas.] *(Caderno de campo, 7 jun. 2013).*

Essa conversa expressa a capacidade de Laila de se posicionar ante a contestação do primo Addaê de forma autônoma e pessoal. Ao dizer "Eu não quis querer", foi como afirmar "é a minha vontade, mesmo que minha mãe tenha deixado".

A ESCOLA NA EXPERIÊNCIA DAS CRIANÇAS

Apesar de poucos, os estudos sobre crianças quilombolas, além de privilegiarem as comunidades, também deram centralidade à escola, sobretudo no que tange às discriminações sofridas, ao currículo, ao despreparo da escola para lidar com a diversidade e ao seu desconhecimento da história e da cultura das crianças quilombolas. Nesse sentido, a escola será tratada aqui de acordo com a visão das crianças. As informações foram colhidas das entrevistas e das observações em campo, quando as crianças aguardavam o ônibus escolar, nas conversas informais na hora do jantar, nos comentários que faziam sobre gostarem ou não de ir para a escola. Não foi realizada visita às escolas frequentadas pelas crianças como parte da pesquisa de campo.[48]

A questão do preconceito racial, por exemplo, surge entre as crianças como alusão à escola, pois é nesse ambiente que elas se tornam alvo de preconceito por serem negras e por serem de Mato do Tição. O primeiro relato de preconceito racial partiu da menina Keezy, que durante uma festa na Comunidade veio me contar espontaneamente que seus colegas de sala estavam lhe chamando de "negrinha do saci" e "negrinha preta". Partindo

---

[48] Participei (acompanhando as famílias e as crianças) de uma festa junina na escola de Educação Infantil que as crianças da Comunidade frequentavam em junho de 2013.

dessa conversa informal com Keezy, apresentei o tema para as crianças em outras conversas e também nas entrevistas.

Trazer a escola a partir das vozes das crianças neste estudo não significa, no entanto, negar o seu papel na vida delas, mas sim priorizar o olhar da criança no Quilombo. Importa mais conhecer a criança em seu principal contexto de vida do que simplesmente o aluno ou a aluna. O que importa é dar visibilidade a esse grupo de crianças – as quilombolas –, que tem sido silenciado e esquecido tanto pelas políticas públicas[49] quanto pelas agendas de pesquisa.

A construção de uma pedagogia quilombola que contemple os pressupostos das Diretrizes Curriculares Nacionais para a Educação das Relações Étnico-Raciais (DCNERER) e das Diretrizes Curriculares Nacionais para a Educação Escolar Quilombola (DCNEEQ) não pode prescindir do conhecimento da vida pulsante nos quilombos, dos seus modos de aprender e ensinar e das criações, produções e existências de seus adultos e crianças. Pereira (2007, p. 19), ao apresentar a importância do currículo escolar para a construção de uma pedagogia que considere as questões sobre as culturas afrodescendentes em Educação, destaca que:

> é a partir deles que as experiências de ensinar e aprender se revelam como experiências da vida e para a vida. E, cumpre dizer, essas experiências reclamam a competência dos indivíduos e dos grupos para tecer e destecer laços históricos-sociais, bem como para gerar processos de interação entre os grandes eventos e as trajetórias da vida privada (PEREIRA, 2007, p. 19).

As crianças de Mato do Tição têm vivido e convivido com suas tradições, orgulhando-se delas e, ao mesmo tempo, com as coisas o mundo das crianças de quaisquer outras ci-

[49] Segundo SILVA, 2011.

dades brasileiras, como celular, internet e redes sociais. Elas têm acesso à indústria cultural e ouvem músicas de estilos como funk, pagode, axé, sertanejo e hip-hop. Assim, se, por um lado, elas ensaiam e apresentam coreografias com as músicas do Mc Guimê[50], por outro, cantam "Tá caindo fulô" nas celebrações do mês de maio, rezam o terço, tocam Candombe, dançam o batuque. Tudo isso no chão de sua Comunidade e em apresentações e participações em festas e celebrações de outras localidades. É um pulsar de vida, de criatividade e potencialidade que muitas vezes escapa à escola, que não valoriza de maneira abrangente os conhecimentos e a cultura das crianças quilombolas.

Acredito que a escola, assim como outras instituições responsáveis pela elaboração e execução de políticas públicas para a Educação, precisa aguçar os ouvidos e se interessar efetivamente pela vida das crianças, adolescentes e adultos, indo para além dos seus muros escolares e institucionais. Especialmente quando se trata da necessidade de constituir uma escola diferenciada, que atenda aos princípios da educação escolar quilombola. Os saberes construídos nos quilombos, de maneira geral, constituem-se como legados da nossa história. Conhecer essa história dos quilombos e suas populações, assim como a infância de suas crianças, traz como possibilidade a reconstituição de uma história e de um conhecimento que sofreu diversas tentativas de apagamento, mas persiste e se reinventa a cada dia pela força de seus moradores, pelo compromisso dos mais velhos com o bem-estar dos mais novos, pela criatividade das crianças que reelaboram as tradições de seu povo incorporando novos fazeres, novos jeitos de brincar, celebrar e preservar sua cultura.

[50] MC. Guimê é cantor e compositor do estilo musical chamado "funk ostentação". Em 2014, fez muito sucesso com o hit *País do futebol* e, por ocasião da Copa do Mundo, as meninas de Mato do Tição fizeram uma coreografia com essa música.

Indo para a escola

Todas as crianças estudantes de Mato do Tição vão para a escola no ônibus escolar da prefeitura. A maioria estuda à tarde e um pequeno grupo pela manhã. Duas cursam a Educação Infantil e as demais, o Ensino Fundamental.

Algumas crianças concentram-se próximas à Capela, enquanto as demais ficam a postos no local de parada do ônibus em frente ao bar. Durante a espera, elas realizam tarefas escolares, comentam sobre alguns professores e disciplinas e também falam da preguiça de estudar.

> Ayana saiu correndo para tomar um banho que durou 3 minutos. Disse que tomou banho depressa porque senão perdia o ônibus. Arrumou-se, arrumou a mochila e saiu. Eu fui atrás, pois queria ver o embarque das crianças e a saída do ônibus. Na porta da capela estava somente Kele sentada numa cadeira escrevendo. Perguntei se era Para Casa e ela respondeu que sim, que não tinha dado tempo de fazer por causa da aula de capoeira. Notei que outras crianças deixaram para fazer o Para Casa bem no horário de saírem para a escola. Passou um micro-ônibus amarelo e perguntei se era aquele. Ayana disse que aquele era o ônibus que levava os meninos com deficiência. Aos poucos, foram chegando as crianças: Nala, Hanna e Kezy. Kele perguntou sobre o piquenique e falei para ela que seria no domingo. Conversamos um pouco. Ela está no 3º ano e tem 8 anos, disse que a mochila estava muito pesada, ofereci para levar até o ponto do ônibus. Lá no ponto estava um grupo de seis crianças e algumas senhoras. Uma menina estava indo para o centro para fazer carteira de identidade. Essa era uma ação da SEDESE para que as pessoas da comunidade pudessem tirar e/ou regularizar seus documentos. Kênia também não iria para a escola, e sim para um salão em Jaboticatubas arrumar o cabelo. Disse que não queria ir para a escola, pois a turma iria para o cinema e ela não estava com vontade. Pergun-

> tei por que e ela disse que não conversava com as pessoas que iriam, não queria ficar isolada no cinema, "não ia ter graça". Dandara e Enan disseram que se pudessem trocariam com Kênia e que ela "era uma boba, onde já se viu trocá o cinema por cabelo?" O ônibus chegou às 12h15. Embarcaram as crianças, os adultos que pedem carona e o mestre de capoeira *(Caderno de campo, 6 jun. 2015).*

"Trocá cinema por cabelo?"

Essa foi a expressão de surpresa de Enan quando Kênia disse que não iria à aula porque a atividade seria no cinema e ela não queria participar, por isso, aproveitaria para arrumar o cabelo no centro de Jaboticatubas. Enan falou que as melhores coisas da escola eram a Educação Física, a merenda e as atividades extraclasse, como essa de ir ao cinema, coisa que acontecia pouquíssimas vezes. São os chamados "paraísos da vida escolar", parafraseando Carlos Rodrigues Brandão (2002), nos quais se enquadram também, para o autor, os finais de semana, as férias e os feriados.

Em sua fala, Enan demonstra desinteresse pela escola de maneira geral, chegando a dizer que "ficou burro" porque não estava indo bem na escola:

> Não gosto de estudar, dá dor de cabeça. Tem que estudar Matemática, principalmente aquele nome que tem x... não sei... Não tem nada de bom na escola. Educação Física e merenda é boa, não vou tão bem na escola. Ia bem, agora eu fiquei burro, preguiça. Preguiça de estudar *(Enan, 11 anos).*

Em 2013, foi realizado um intercâmbio entre estudantes das comunidades para a feira de cultura da escola. Os alunos visitaram as comunidades uns dos outros e realizaram pesquisas nos locais. Em Mato do Tição, eles entrevistaram os mais velhos e ouviram o Candombe. O trabalho sobre Mato do Tição foi apresentado na escola e, de acordo com Enan e Dandara, foi uma atividade interessante que permitiu às crianças da escola conhecerem um pouco a Comunidade. No entanto, essa atividade não teve continuidade nos outros anos.

"O povo do Matição é tudo macumbeiro": o preconceito e a discriminação racial por parte de externos

Apesar de a escola realizar tentativas de promover um maior conhecimento sobre as diversas comunidades rurais existentes em Jaboticatubas, isso não é suficiente para dirimir os preconceitos e estereótipos sobre Mato do Tição. As crianças deste Quilombo relataram inúmeros casos de preconceito e discriminação por parte dos colegas e elas sabem que se devem ao fato de serem negras e de pertencerem a uma Comunidade que mantém firmes as suas tradições afro-brasileiras. Sabem, também, que essas tradições são taxadas pelas pessoas de "macumba" – termo aqui utilizado não no sentido rotineiro dos terreiros, mas sim de forma pejorativa e racista.

Atualmente, essa expressão tem sido muito usada diante de quaisquer marcadores de identidade negra, expressos seja por meio de como as pessoas se vestem e os adereços que usam (colares, turbantes, cabelos trançados, cabelos *black* etc.), seja pelas músicas e instrumentos como os tambores, as danças etc. Todo o conjunto é taxado de macumba e repelido como "coisa do demônio". Além da discriminação racial propriamente dita, agrega-se a ela outros tipos associados à identidade afro-brasileira. Há uma crescente onda de desrespeito à diversidade religiosa que vem atingindo principalmente os adeptos das religiões de matriz africana. Em muitos casos, existe confusão e desconhecimento por parte dos agentes da discriminação, que, nos dizeres da menina Dandara, é expressão do racismo: "Lá [na escola] é racismo, eles não conhecem e ficam falando".

Marcilene Silva (2011) analisa os processos de discriminação racial sofridos pelos moradores de Mato do Tição sob a perspectiva do estigma. Segundo a autora, "a base do estigma relaciona-se à identidade histórica dos moradores que descendem de antigos escravos." (SILVA, 2011, p. 73). No levantamento que fez para seu estudo, os moradores da região central de Jaboticatubas expressaram várias formas de estereótipos em relação à Comunidade e a seus moradores, que foram descritos como "pobres", "dignos de dó", "exóticos em suas danças e seus tambores", "gente de pouca cultura", "mulheres preguiçosas". No imaginário da população branca e proprietária de terras e comércios do município, permanecem valores arraigados de superioridade social e racial, tanto herança do período colonial, da escravidão, quanto reflexo do racismo em que se estrutura a sociedade brasileira.

Para Pereira, o imaginário sobre o negro como possuidor de uma cultura inferior remonta ao período escravista, durante o qual

> aos olhos das elites brasileiras os aspectos referentes às culturas africanas passaram a representar o exótico e o estranho, não sendo levados em conta como um fator, entre outros, de formação de nossas identidades (PEREIRA, 2007, p. 22).

E essa visão se popularizou ao longo dos séculos XIX e início do XX, identificando o negro com a imagem do atraso e da ignorância.

As relações raciais no meio rural guardam particularidades que se associam a um rígido processo de hierarquização social na qual ainda é mantida a exploração do trabalho das populações negras e pobres. Na visão predominante dos descendentes dos senhores de escravos, quando negros e pobres resistem à exploração, são taxados de briguentos, preguiçosos e exigentes por não aceitarem mais um trabalho mal remunerado e sem garantia dos seus direitos trabalhistas.

Beatriz Caitana da Silva (2011), em suas análises dos processos de invisibilização da criança quilombola nas políticas públicas brasileiras, chama a atenção para a particularidade dos processos de discriminação sofridos por ela, ao considerar que existe aí um duplo racismo: por ela ser negra e por ser uma criança quilombola. Também destaca a importância de se pensar a criança negra do meio rural e a criança negra do meio urbano em suas particularidades. Em sua pesquisa, as vozes das mães quilombolas demarcaram uma diferença. No entendimento dessas mães, as crianças quilombolas têm bem menos oportunidades quanto à Educação e ao mercado de trabalho se comparadas às crianças negras da cidade:

> [...] o reproduzir as falas das mães das crianças quilombolas, traz-nos à tona uma outra vertente da diferença entre crianças negras do meio urbano e do meio rural, que diz respeito ao preconceito e à desvalorização do meio rural (SILVA, 2001, p. 58).

Os quilombolas tentam se afastar da narrativa escravista de eterna submissão, de exotismo e de subalternidade resistindo por meio de luta política e da construção positiva de sua identidade afro-brasileira. As mudanças do imaginário incrustado no "de fora" do quilombo ocorre lentamente e não acompanham os processos de transição dos "de dentro" do quilombo em suas conquistas, resistência e lutas por reconhecimento. Parece faltar um complemento institucional mais imediato de valorização das comunidades quilombolas para que possam, de fato, romper com a dependência econômico-social daqueles que os enxergam como meros descendentes de escravizados, reduzindo-os a isso e não levando em consideração a complexidade de todo o contexto.

Algumas marcas de identidade são explicitadas e outras ocultadas, como forma de resistir ao preconceito e à discriminação. No campo religioso, isso é latente em Mato do Tição, onde os indivíduos, além de professarem o catolicismo, também são praticantes da umbanda – embora essa não seja uma informação revelada abertamente, sendo muitas vezes negada, como na fala de Enan: "Aqui [mostrando o croqui do quilombo] não é centro de umbanda nenhum, é o nariz de quem falou." A contestação demonstra o quanto esse ocultamento é aprendido pelas crianças como uma forma de resistir à alcunha de "macumbeiros" tão propalada pelos moradores de Jaboticatubas e por seus colegas de escola. "Macumbeiro" aqui assume a forma depreciativa sinônima de "coisa ruim", "feitiçaria", "magia negra", "coisa do demônio".

A perseguição às religiões de matriz africana faz parte da história do Brasil, atingindo, principalmente, a população negra, que historicamente manteve o silêncio quanto ás suas práticas religiosas como forma de resistência ao preconceito e à discriminação contra seus cultos. Para D'Adesky (2001, p. 51):

> Em sua chegada ao novo território brasileiro, os negros africanos serão imediatamente inseridos num diferente quadro simbólico religioso, numa ruptura total com a realidade anterior das sociedades africanas. A relação dos negros com a sociedade colonial será marcada, no plano religioso, pela conversão obrigatória à religião do senhor e por um passado de perseguições àqueles que tentaram permanecer fiéis às práticas de seus ancestrais.

Para o autor, a religião é um sistema gerador de sociabilidade e comunidade. Em Mato do Tição, isso é percebido imediatamente quando se participa dos cultos e das festividades religiosas, mas não só: a espiritualidade é imanente à vida de seus moradores que têm na religião, em Deus, em Nossa Senhora, nos santos, no culto aos antepassados, aos orixás e a outras entidades, uma forma de existir e resistir que lhes garante a continuidade enquanto grupo, enquanto comunidade, enquanto família.

A busca por uma construção identitária positiva passa pela valorização da história de um povo, história alicerçada na resistência à escravidão, à opressão dos grandes proprietários de terra e de bens e à busca de estratégias para fazer frente contra o racismo. Assim, a religiosidade do povo de Mato do Tição é representativa da dimensão histórica de uma comunidade que se constituiu no entrelaçamento das culturas africana, indígena e europeia. A umbanda, o Candombe, o culto aos antepassados são, em certa medida, depositárias da tradicional cultura religiosa africana e representam uma ligação com essa ancestralidade. O catolicismo praticado em Mato do Tição é um catolicismo popular negro que é colocado em prática em vários núcleos familiares rurais em todo o Brasil. Em Minas Gerais, existe uma forte influência banto nas formas de expressão do catolicismo. Essa é uma diferença de Mato do Tição e outras comunidades do município de Jaboticatubas quando comparadas a outras localidades. De acordo com Pereira (2007, p. 45):

> Dentro dessa vivência religiosa se alinham agentes importantes como os rezadores de terços e ladainhas, os benzedores e benzedeiras, os candombeiros e raizeiros, enfim, homens e mulheres, devotos que participam de inúmeras celebrações do sagrado, como as festas dos santos padroeiros, os batizados, os casamentos e cerimônias fúnebres. Esses núcleos familiares, por um lado, tecem vínculos identitários a partir de sua própria herança cultural, fechando-se, em certa medida, para os contatos externos; por outro lado, desenvolvem diálogos com a sociedade circundante através de trocas de bens culturais que realçam o seu caráter dinâmico.

Compreendemos, no entanto, que a dinamicidade citada por Pereira precisa ser apreendida de forma abrangente pela escola e pela sociedade de maneira geral. Apesar dos significativos avanços conquistados pela Comunidade de Mato do Tição no que se refere à valorização de seu patrimônio cultural, em seu entorno permanecem mecanismos de rejeição dessa cultura que são assimilados pelas crianças e transformados em matéria de discriminação no interior das escolas.

As expressões do preconceito e as reações das crianças

As crianças falam dos preconceitos e das suas reações a eles. Essas reações geralmente expressam o desejo de mudar a visão que as pessoas de fora têm do quilombo, as crianças preferem dialogar e não brigar. A seguir, transcrição de uma conversa tida com as crianças sobre a situação de discriminação na escola:

> A. – Na escola o menino chamava de tição, eu e o Enan que era os mais escuros *(Ayana, 10 anos)*.
> P. – E como você se sentia?
> A. – Tinha um sentimento ruim, queria explicar que aqui é um quilombo.
> K. – O pessoal falava que o povo daqui é macumbeiro. Também chamaram a Keezy de neguinha do saci *(Kele, 9 anos)*.
> P. – E o que você fazia?
> N. – Eu prefiro explicar e não brigar. O que tem de diferente aqui é a fogueira, coroação, Candombe. Em Lagoa Santa também tem Candombe *(Nala, 8 anos)*.
> Ad. – Eles fala que todo mundo do Matição é macumbeiro *(Addaê, 5 anos)*.
> D. – É eles ficam falando isso *(Dandara, 12 anos)*.
> K. – Falam que aqui era um... quilombo muito ruim, só tinha gente feia e gente preta, só eu era que era branca.
> P. – O que você sentia?
> K. – Um negócio ruim no coração, falava que era ruim o lugar que eu morava.
> P. – E o que você fazia?
> K. – Ficava quieta.
> P. – E a professora?
> K. – Não falava nada.
>
> Kz. – Eles me chamaram de preta. O primeiro dia de aula tinha um tanto de meninos brancos, pardos, só eu que era preta. Eu chegava perto das meninas e ninguém queria ficar perto de mim, saía fora, a única que brincava comigo era uma menina que chamava F. que mudou

> de escola. Quando eu passei pro segundo eles começou a gostar de mim então... Mas eles me chamavam de preta, que eu tinha o cabelo ruim, que falaram da minha família. Quando minha mãe faleceu eles falaram de minha mãe, eu brigava, jogava cadeira neles, eu tinha vontade porque eu queria jogar eles da janela. Um menino lá falou da mãe "que não tô nem aí que ela morreu que podia ela ir pro satanás", eu queria pegar esse menino pro pescoço e jogar pela janela, eu tive vontade de matar ele. No outro ano ele me chamou de preta e eu falei "cês tem inveja de mim porque são tudo branco, pardo e não tem um dia de felicidade, agora eu, tenho só dia de felicidade e vocês ficam aí igual escorregando na maionese" *(Keezy, 7 anos).*
>
> P. – Qual é o dia de felicidade?
>
> Kz. – É... O dia de felicidade é o dia 20 de novembro, o dia dos negros. Aí que eu gosto mesmo. Os meninos ficam falando assim parabéns, hoje é dia dos negros!
>
> P. – Esse dia 20 de novembro comemora na escola?
>
> Kz. – Comemora na escola não, só aqui no Matição mesmo.
>
> P. – Então foi aqui que você aprendeu sobre esse dia?
>
> Kz. – Foi aqui, agora na escola, tem festa junina, dia dos negros assim não.

Com base nas falas dessas crianças, é possível perceber a dimensão dos conflitos vivenciados por elas na escola quanto à sua origem, o *ser* do Mato do Tição e a sua identidade étnico-racial enquanto crianças negras. Cada criança reage de uma maneira, desde o silêncio até a agressão. As diversas formas de reação confirmam certa inoperância da escola em atuar efetivamente na desconstrução do preconceito racial e possibilitar conhecimentos mais ampliados sobre a história e a cultura afro-brasileiras e sobre a história e a cultura dos quilombos.

O discurso da igualdade não é reproduzido pelas crianças. Elas expressam tristeza e sentimentos ruins quanto ao preconceito sofrido e reagem tentando mostrar as diferenças de sua Comunidade com relação às outras. É um desejo de falar para os colegas que Mato do Tição tem especificidades: é quilombola e, por isso, a maioria de seus moradores é negra; tem uma cultura própria ligada às tradições afro-brasileiras e, por isso, tem festividades como o Candombe; tem um jeito próprio de se expressar a partir do corpo com as danças, músicas, toques do tambor e que isso não é macumba no sentido pejorativo do termo; tem uma religiosidade estruturada em valores do catolicismo e das religiões de matriz africana, pois receberam influências das populações negra, indígena e branca. Essa intenção de dar explicações, por meio da marcação das diferenças de seu lugar, se contrapõe aos posicionamentos que recorrem a discursos de igualdade do tipo "Todo mundo é filho de Deus" e "Somos todos iguais", tão comuns quando crianças e adultos querem combater o preconceito racial. As crianças de Mato do Tição expressam consciência de que precisam afirmar e valorizar as suas particularidades enquanto crianças negras e quilombolas.

Keezy, uma das crianças entrevistadas, conseguiu elaborar uma resposta que a situasse enquanto pessoa ao dizer que tem um dia especial para ser comemorado, que é o "Dia dos Negros", ou Dia da Consciência Negra, e que isso a torna orgulhosa de sua identidade. O saber da existência de um dia dedicado aos negros pela menina se deu em seus aprendizados no Quilombo, nas comemorações anuais que acontecem na Comunidade do Dia da Consciência Negra. Como ela mesma lembra, na escola não existe essa comemoração. Apesar de a legislação incorporar no calendário escolar o dia 20 de novembro como data a ser trabalhada nas escolas, essa não parece ser a prática da escola de Keezy.

O acesso aos conhecimentos que permitam a valorização da diversidade étnico-racial da população brasileira é fundamental para que se promova o respeito entre as pessoas pertencentes aos diferentes grupos étnicos, sua história e sua cultura. O silenciamento e mesmo a omissão por parte dos profissionais da Educação ainda permanecem como uma prática pedagógica que tem efeitos danosos para o enfrentamento do preconceito nas escolas. O não posicionamento da professora de Kele demonstra uma opção pelo silêncio, que contribui para a perpetuação do preconceito, da discriminação racial e do racismo. Os efeitos incidirão diretamente sobre as crianças que discriminam e sobre as que são discriminadas. Ambas as partes aprendem nesse processo. As que discriminam aprendem que o que fazem é "normal" e, se brancas, que têm privilégios. As que são discriminadas, que elas precisam buscar estratégias para sobreviverem no espaço escolar que lhes é hostil. Portanto, as reações são variadas, indo desde a tristeza, desejo de explicar por que são diferentes, o silêncio, a conformação, até a agressividade e violência.

Os estudantes da educação básica têm o direito de vivenciarem práticas pedagógicas que lhes possibilitem ampliar os seus conhecimentos sobre a diversidade humana, sobre as diferentes culturas, sobre as diferentes maneiras de ser e estar no mundo. Também têm o direito de vivenciar outras formas de relação para que possam superar preconceitos e eliminar todas as formas ou comportamentos discriminatórios em relação às pessoas.

De acordo com Gomes (2002, p. 26), ao professor cabe uma postura ética, pedagógica e política diante do desafio de educar para as relações étnico-raciais e garantir "uma educação igualitária e de qualidade para todos, respeitando a diversidade." Uma Educação que não folclorize determinadas culturas e nem mesmo as neguem ou silenciem ante atitudes e comportamentos preconceituosos e discriminatórios correntes.

Existe um esforço das crianças de Mato do Tição para ver sua cultura e sua identidade valorizadas. No seio da Comunidade, elas são protagonistas de movimentos de afirmação da identidade do seu lugar, aprendem com a tradição e com a história de resistência e luta de seu povo. A menina Kênia (13 anos) expressa de forma muito precisa o que é ser do Mato do Tição – Comunidade que tem suas particularidades e é marcada pela identidade enquanto negra e quilombola – e também que busca sua inserção no mundo circundante usufruindo das tecnologias disponíveis e vivendo como quaisquer outras crianças.

> Nós somos adolescentes como outro qualquer, a mesma coisa, só que a nossa cultura é diferente e é interessante também. A gente faz as mesmas coisas que outras crianças e adolescentes. Brincamos, jogamos bola, nos divertimos, gostamos de passear. Tem telefone e Facebook e também temos folia, Candombe, Festa de São João, reza do cruzeiro, batuque, carnaval *(Kênia, 13 anos).*

Portanto, não podem os educadores se manterem à parte desse processo. De acordo com Gomes (2002, p. 39):

> Entender a relação entre escola, currículo e diversidade cultural, seja através do recorte étnico-racial ou de tantos outros recortes possíveis, é inserir-se no contexto das lutas sociais, é assumir um posicionamento político e ético que transforme o nosso discurso em prol da escola democrática e da diversidade em práticas efetivas e concretas.

Em escolas localizadas em regiões brasileiras que possuem comunidades quilombolas, o desafio de construção de uma Educação para a diversidade é urgente e necessita considerar os quilombos como patrimônios culturais a serem incorporados nos currículos escolares. E, como visto, as crianças têm elaborado estratégias simbólicas e discursivas de enfrentamento ao racismo, estratégias tais que deveriam ser potencializadas e adotadas pelas instituições educacionais.

CAPÍTULO 4

SABERES APRENDIDOS, ENSINADOS E COMPARTILHADOS: EXPLORANDO POSSIBILIDADES

> Todos os dias o ouvido ouve aquilo que ainda não ouviu. Assim a educação pode durar a vida inteira **(A. Hampâté Bâ).**

Uma das dimensões de ser criança em Mato do Tição é a possibilidade de aprender diversas coisas das mais variadas formas. A questão que orienta este capítulo é o que as crianças aprendem e como aprendem. Como já visto no capítulo anterior, os aprendizados são diversos e se dão em diversas circunstâncias, elas aprendem nas brincadeiras, nas festas, partilhando a comida. Aprendem vendo, observando, prestando atenção, trabalhando, tomando conta de irmãos e primos, por meio das histórias contadas pelos mais velhos, na escola, entre elas, nas interações com os adultos, circulando pelo território, sozinhas, nas oficinas e nos projetos, no lugar, na tradição. Aprendem a ser de Mato do Tição, a pertencer a uma comunidade quilombola, a respeitar os mais velhos, a cantar e tocar instrumentos, a fabricar objetos, a cozinhar e a cuidar de si mesmas; aprendem as tarefas domésticas e os cuidados com os pequenos e também aprendem com os perigos que vêm da rua. Elas aprendem a fazer parte de sua comunidade.

O aprendizado se dá desde pequeno e poderá seguir por toda a vida. Inicia-se no seio da família e estende-se para outros espaços e pessoas que fazem parte de sua vida e de seu cotidiano. As crianças reconhecem pais, mães, tios e avós como aqueles com os quais aprendem as coisas da vida e da cultura do lugar: "Candombe eu aprendi foi com Tio Martinho" (Nala, 8 anos); "Rezar o terço foi com Tia Ágata" (Keezy, 7 anos); "Eu aprendi a fazer arroz com vovó e mamãe" (Kele, 9 anos). Os saberes aprendidos são experienciados no dia a dia e tornam-se parte de um repertório necessário à sobrevivência e à convivência na Comunidade. Nos dizeres de Hampâté Bâ, existe uma verdadeira cadeia de transmissão de conhecimentos que integram histórica e culturalmente a vida da Comunidade. É através dessa cadeia que o Candombe, ensinado pelos antigos do Mato do Tição, foi passado de geração em geração e se mantém vivo até os dias de hoje.

Mesmo que no processo de afirmação da identidade quilombola alguns desses aprendizados estejam organizados/sistematizados em forma de oficinas realizadas no Ponto de Cultura dentro do Quilombo, eles se dão por meio dos "conhecedores" do lugar, pessoas da própria comunidade que possuem um conhecimento aprofundado sobre o que está ensinando. Mas essa forma de aprender e de ensinar não se restringe às oficinas, elas se estende pelas vivências cotidianas, é praticada constantemente nas festas, nas missas, nas celebrações. As crianças se interessam pelo aprendizado daquilo com que já têm contato desde que nascem, são aprendizados que fazem sentido para elas.

Por se tratar de uma comunidade com forte herança histórico-cultural afro- brasileira e africana, autores que tratam da aprendizagem associada a essas culturas ajudam a compreender essas formas de aprender com os mais velhos, de adquirir e ensinar conhecimentos através da oralidade, das narrativas e das histórias que circulam em um quilombo. Chamaremos os sabedores de Mato do Tição, os mais velhos, os anciãos, de "conhecedores", tal como define Hampâté Bâ (2003):

> Em bambarra, chamam-nos de *Doma* ou *Soma*, os "Conhecedores", ou *Donikeba*, "fazedores de conhecimento"; em fulani, segundo a região, de *Silatigui*, *Gando* ou *Tchiorinke*, palavras que possuem o mesmo sentido de "Conhecedor". Podem ser mestres iniciados (e iniciadores) de um ramo tradicional específico (iniciação do ferreiro, do tecelão, do caçador, do pescador etc.) ou possuir o conhecimento total da tradição em todos os seus aspectos. Assim existem *Domas* que conhecem a ciência dos ferreiros, dos pastores, dos tecelões, assim como das grandes escolas de iniciação da savana [...]. Mas não nos iludamos: a tradição não corta a vida em fatias e raramente o "Conhecedor" é um "especialista". Na maioria das vezes, é um "generalizador". Por exemplo, um mesmo velho conhecerá não apenas a ciência das plantas (as propriedades boas ou más de cada planta), mas também a "ciência das terras" (as propriedades agrícolas ou medicinais dos diferentes tipos de solo), a "ciência das águas", astronomia, cosmogonia, psicologia etc. Trata-se de uma *ciência da vida* cujos conhecimentos sempre podem favorecer uma utilização prática (HAMPÂTÉ BÂ, 2003, p. 175).

Em Mato do Tição, por exemplo, Sílvio (mais conhecido como Seu Badu) tem conhecimentos das plantas, da agricultura, da homeopatia, das fases da lua, tipos de terra etc. Esse "conhecedor" das ciências da natureza é um mestre que ministra aulas na Universidade Federal de Minas Gerais, no Programa de Formação Transversal Encontro de Saberes[51]. Mas Seu Badu também domina os cantos e danças do Candombe, as rezas e ladainhas, o reisado, as preces e cantos para encomendação das almas. Podemos dizer que ele é um conhecedor generalista e sua ciência é prática tanto das curas e da produção de alimentos, quanto das tradições de

[51] A formação viabiliza um movimento de resgate das culturas indígenas, quilombolas e tradicionais, extremamente enraizadas na vida brasileira, e de recolocá-las em seu devido lugar, valorizando os seus mestres.

seu povo – como mostra a notícia sobre a participação do mestre no Festival de Inverno da UFMG em 2014:

> Silvio de Siqueira, ou seu Badu, líder do quilombo de Matição, em Jaboticatubas, elogiou a iniciativa da troca de experiências com professores e alunos da UFMG. E pregou a humildade que caracteriza o homem do campo. "Todo mundo tem que conhecer mais sobre a terra e saber que é preciso combater o agrotóxico. O povo não tem alimento sadio, e o organismo não aguenta isso, a medicina não dá conta de curar", disse ele, que é profundo conhecedor das plantas medicinais. Seu Badu lembrou que os quilombolas e membros de outras comunidades precisam de apoio para permanecer em suas terras. E defendeu que não existe "terra ruim", porque é dela que saem os alimentos e os remédios. "Estamos fazendo covardia com a terra, e ela cobra de nós, os agressores", enfatizou.[52]

Petronilha Beatriz Gonçalves e Silva (2000, p. 81), ao referir-se à importância dada aos anciãos em muitos países africanos, destaca:

> Tornar-se ancião é o maior bem que se pode alcançar. O ancião vai se tornando portador de sabedoria, que se revela na espiritualidade, generosidade, discrição, simplicidade, bravura. Por isso, o respeito aos mais velhos é um valor supremo. Os anciãos mais experientes são responsáveis pelo conhecimento que cada um vai tendo de si próprio, das outras pessoas, da natureza, de outras culturas e organizações sociais.

---

[52] Disponível em: <https://www.ufmg.br/online/arquivos/034214.shtml>. Acesso em: 24 jul. 2014.

Mato do Tição tem muitos conhecedores e conhecedoras. As crianças podem aprender com eles em diversas situações ao longo de suas vidas.

Silva (2003a, 2003b, 2007, 2008) trata dos processos de aprender e de ensinar em meio às relações étnico-raciais retomando a histórica experiência das populações negras no Brasil, que empreendeu processos de aprendizagem situados em sua cultura. Para a autora, tratar de aprendizagens é tratar de identidades (2007, p. 49), identidades e aprendizagens que são ensinadas e aprendidas nas práticas sociais intermediadas por interações permanentes com as pessoas e com o meio. "Aprender e ensinar implica convivência." (2007, p. 59) E também se aprende com muitas pessoas ao longo da vida. Como afirma um ditado da tradição bambara e peul: "As pessoas da pessoa são muito numerosas no interior da pessoa."

Silva (2007), então, nomeia como "valores de refúgio" os processos de resistência da população afro-brasileira, que luta para reconstruir positivamente seus jeitos de ser, viver e pensar apoiados em valores próprios que permitem a sobrevivência de tradições, a reinvenção da cultura e a edificação de novas vidas e novos modos de viver em comunidade na diáspora. Para a autora, são valores de refúgio identificados entre os afro-brasileiros: a família, o trabalho, a religião, a escolarização[53], o direito de sonhar e tornar reais os sonhos – lugares e situações em que a população afro-brasileira pode buscar condições para sentir-se segura e recriar sua identidade: "[...] desta forma, os valores que na partida servem de abrigo, retiro, resguardo, apoio, tornam-se valores de construção de tempos, lugares, identidades." (SILVA, 2007, p. 83).

[53] A autora considera as dificuldades da população afro-brasileira de se manter na escola devido à hostilidade quanto à sua identidade étnico-racial. No entanto, a população negra compreende que é por meio da educação escolar que conseguirá romper com os históricos processos de desigualdade racial presentes na sociedade brasileira.

Ao trazer a dimensão das africanidades[54] para a Educação no Brasil, Silva, fala dos processos de construção de saberes nas sociedades africanas. Na Educação, em diversas culturas africanas, o "ensino" se dá por meio de uma pedagogia da aprendizagem, da experiência. Aprende-se na ação e também na participação ativa das crianças nas diferentes atividades do grupo. Nessa forma de aprendizagem, as ações dos adultos servem de referência para as ações de crianças e jovens. "É um processo contínuo que forma o homem sobre sua responsabilidade desde a infância até a velhice." (SILVA, 2007, p. 75).

Nas diversas culturas africanas, o saber não está dissociado da vida, do meio ambiente e do corpo. O saber é incorporado e encarnado nas experiências cotidianas, nas heranças dos ancestrais, nos aprendizados com os mais velhos. O saber se dá por toda a vida e o fazer-se pessoa também. Esse fazer-se pessoa não existe na dimensão puramente individual, o princípio sul-africano *ubuntu – eu sou porque nós somos* – demonstra que a comunidade tem papel preponderante na formação das pessoas.

Também os saberes africanos embasados em várias estratégias de aprendizagem têm uma estreita relação com um tipo de religiosidade que se afirma ecológica, sentida e vivida em sua totalidade no respeito à natureza e na permanente relação com o meio.

Aprender se utilizando de várias estratégias alicerçadas na vida cotidiana pode ser exemplificado por quatro importantes formas de conhecimento entre os ewe (Gana), citados por Silva (2000, p. 28): a) o conhecimento passado oralmente, como o transmitido pelos pais e pelos anciãos para as gerações mais jovens; b) o conhecimento adquirido por meio da reflexão, de

[54] O termo "africanidade", de acordo com Silva (2000), "refere-se às raízes da cultura brasileira que têm origem africana. Reporta aos modos de se, viver, organizar suas lutas, próprio dos negros brasileiros e de outro lado, às marcas da cultura africana que, independente da origem étnica de cada brasileiro, fazem parte do seu dia a dia. A africanidade ultrapassa o dado ou evento material, como um prato de sarapatel, uma apresentação de rap. Ela se constitui nos processos que geraram tais dados e eventos [...]. Ela se constitui também nos valores que motivaram tais processos e deles resultaram".W

natureza contemplativa; c) o conhecimento obtido pelo processo de aprender próprio da educação escolar; d) o conhecimento obtido como resultado do desenvolvimento da consciência das coisas, relações e situações de compreensão dos princípios que as fundam. Nessa perspectiva, o conhecimento não torna as pessoas sábias, e sim as formam para que possam utilizar seus conhecimentos para a vida por meio da prática.

Em diversas culturas africanas as crianças aprendem com os adultos, observando, testando, repetindo e elaborando reflexões sobre suas ações. Os saberes ancestrais são respeitados em diversas sociedades africanas – e diz-se aqui de saberes ancestrais humanos e não humanos (animais, plantas, minerais). As marcas deixadas por esses ancestrais representam o legado para novas aprendizagens e processos criativos das pessoas. O legado dos ancestrais e dos antepassados está localizado no mundo da vida e das ações por meio da criação, de suas atividades, de contextos ambientais e culturais dentro dos quais as gerações presentes desenvolvem suas formas de aprender e ensinar.

Edimilson de Almeida Pereira, em seu livro *Malungos na escola: questões sobre a cultura afrodescendentes e educação*, destaca a importância dos conhecimentos culturalmente relevantes nos processos de construções curriculares que levam em conta as vivências da população negra no Brasil.

> [...] as experiências de ensinar e aprender se revelam como experiências da vida e para a vida. E, cumpre dizer, essas experiências reclamam a competência dos indivíduos e dos grupos para tecer e destecer laços histórico-sociais, bem como para gerar processos de interação entre os grandes eventos e as trajetórias da vida privada (PEREIRA, 2007, p. 19).

Para o autor, existe uma gama de elementos culturais (conhecimentos) relacionados à diáspora africana que se tornaram parte de nossa percepção do mundo e de nossas práticas cotidianas e que, muitas vezes, são negados e invisibilizados ante relações de desigualdades raciais existentes no Brasil. Necessário se faz reconhecer o conjunto de conhecimentos gerados pelos afro-brasileiros e integrá-los ao currículo escolar.

Outro conjunto de autores aqui tomados como referência, trata das aprendizagens situadas em contextos culturais singulares e analisa as aprendizagens de crianças, jovens e adultos em meios não escolares sob diversos aspectos, em diversas culturas, destacando-se as pesquisas realizadas entre povos africanos.

Tomarei a teoria da aprendizagem de participação na prática, desenvolvida por Jean Lave e Etienne Wenger (1991, 2013), como referência para a análise das diversas formas de aprendizagem observadas entre as crianças de Mato do Tição. Nessa teoria, as aprendizagens compreendem um aspecto importante da prática social. Participando das práticas da vida cotidiana do Mato do Tição, as crianças desenvolvem modos de pertencimento à comunidade que serão desenvolvidos ao longo da vida. O lugar, contexto da aprendizagem, é o cotidiano. Portanto, o foco de observação para a compreensão da aprendizagem das crianças foram as suas práticas cotidianas e as suas diferentes formas de participação nelas.

A natureza situada da aprendizagem é o eixo central dessa teoria, que nasce da convicção de que as teorias cognitivas sobre o conhecimento e a prática educativa não são suficientes para responder às questões da existência de um sistema organizado e eficaz de aprendizagem observado em situações empíricas de diversos contextos pesquisados. Para Lave e Wenger, a aprendizagem é uma dimensão integral e inseparável da prática social e se faz presente como participação na prática, ou seja, a aprendizagem é sempre situada em um contexto determinado. O processo de aprender é relacional, envolve grupos de pessoas que se encontram em diversos estágios de aprendizagens e envolve ainda um conjunto de atividades e estratégias de aprender e de ensinar.

Nessa perspectiva teórica, o aprender envolve a pessoa como um todo:

> Como aspecto da prática social, a aprendizagem envolve a pessoa inteira; implica não somente uma relação com atividades específicas, mas uma relação com comunidades sociais – implica tornar-se um participante pleno, um membro, um tipo de pessoa. [...] Atividades, tarefas, funções e noções não existem em isolamento; são parte de sistemas de relações mais amplos nos quais elas têm significação. Esses sistemas de relações surgem e são reproduzidos e desenvolvidos dentro de comunidades sociais, que são em parte sistemas de relações entre pessoas. A pessoa é definida por essas relações, tanto quanto as define. Ignorar este aspecto da aprendizagem é deixar de ver o fato de que a aprendizagem envolve a construção de identidade (LAVE; WENGER, 2013, p. 170).

O aprender é inerente à existência e é algo comum, mas não menos complexo, pois envolve uma gama de atividades. Situações e contextos que são particulares de cada grupo com suas crenças, histórias partilhadas, recursos disponibilizados, são essenciais para o que Lave e Wenger conceituam como comunidades de prática. Cabe observar que o conceito não se dá empiricamente, mas ajuda os pesquisadores de forma geral a dar visibilidade a algumas das dimensões da prática social (GOMES, 2008, p. 6). O processo de aprender, portanto, pertence ao grupo e não a um único indivíduo apenas. A comunidade de prática é um conjunto de relações entre pessoas, atividades e mundo, e o conhecimento torna-se possível a partir desse conjunto, dessa comunidade assim constituída.

As crianças de Mato do Tição aprendem em um contexto de prática cultural complexa, na qual a aprendizagem é inseparável da vida cotidiana. Em seu dia a dia, têm muitas oportunidades de aprendizagem, desde aquelas organizadas sistematicamente, no caso das oficinas e projetos desenvolvidos na Comunidade, até aquelas que podem acontecer de forma "invisível" aos olhos de um observador comum.

Não se pode desconsiderar, contudo, que, apesar de aparentemente não organizados, os conhecimentos se estruturam dentro de uma lógica própria em que, em muitos casos, não é explicitada a intenção de ensinar e aprender. Um aspecto comum na vida no quilombo, por exemplo, é o fato de as crianças cuidarem de outras crianças. Essa prática possibilita uma rede de aprendizagens entre idades e configura dimensões culturais associadas ao senso de responsabilidade entre as crianças em relação aos cuidados que lhes são dispensados. As crianças maiores ensinam às pequenas enquanto cuidam delas. Nessa relação, as maiores aprendem também um aspecto importante daquela cultura: a "obrigação" no cuidado dos pequenos, obrigação esta internalizada e praticada de forma responsável e coerente pelas crianças e com o que se espera delas. Esse é um exemplo das várias possibilidades de aprendizagem presentes no cotidiano das crianças.

Existe uma grande diversidade de estratégias de aprendizagem no Quilombo expressas no aprendizado com os mais velhos por meio da oralidade, dos exemplos, das narrativas, por meio da observação do outro que já sabe e de praticar, depois, aquilo que se observou; aprendizagem através da escuta e de tentativas até o acerto. De acordo com Medaest (2011, p. 9), as dimensões presentes nas formas de aprendizagem inseridas na vida cotidiana, tais como a educativa e a participativa, que estão condicionadas a uma colaboração efetiva das crianças, não são excludentes, e "esta última [colaboração efetiva] pode ser também incentivo à aprendizagem, na medida em que se deseja participar, portanto, se deseja aprender a fazer bem feito para poder participar."

Gaskins e Paradise (2010), ao tratarem da aprendizagem no cotidiano com base em etnografias realizadas em diversas culturas e pesquisas por elas promovidas, dão especial destaque para a aprendizagem através da observação da vida diária, considerando essa forma uma estratégia universal de aprendizagem na infância e além dela. De acordo com as autoras:

> A aprendizagem observacional tipicamente ocorre em contextos familiares nos quais uma pessoa realiza uma atividade enquanto outra, que sabe menos, observa a realização. No caso das crianças, elas podem observar intencionalmente porque querem aprender, mas também observar pela diversão de assistir ou apenas pelo prazer da companhia da pessoa que realiza a ação, portanto a aprendizagem se torna um subproduto incidental da vida social. No entanto, a aprendizagem através da observação em diversas culturas envolve mais do que apenas observar uma habilidade, ela é complexa e culturalmente situada (GASKINS; PARADISE, 2010, p. 85, tradução minha).

As autoras consideram que a observação não é uma estratégia auxiliar de aprendizagem, ela é por si só uma forma legítima de aprender e, integrada com outras formas, garante um conhecimento abrangente daquilo que se quer aprender. Elencam, assim, algumas estratégias complementares à observação e que são semelhantes às encontradas em Mato do Tição:

> Instrução direta – pode ser verbal ou não, incluindo a demonstração ou o direcionamento da atenção para algum aspecto da atividade ou, mais raramente para a explicação verbal.
>
> Aprendendo enquanto trabalham – ocorre quando a criança já domina parcialmente uma atividade e pode aprender mais ao observar enquanto "legítimos participantes", com uma responsabilidade definida.
>
> Narração de histórias – a criança é responsável por extrair a lição da narrativa através de suas habilidades, que foram enriquecidas por suas observações na vida cotidiana.
>
> Por meio de um *feedback* positivo ou negativo que poderá promover uma evolução em sua competência e em seu comportamento. Nesse caso, seja pela crítica ou pelo elo-

gio, a criança busca formas de aprimorar sua aprendizagem através da prática daquilo que está aprendendo.

Além dessas, podem ocorrer outras formas de aprendizagem complementares à observação, como as brincadeiras. Gaskins e Paradise apontam que o praticar através das brincadeiras é uma espécie de performance social na qual as crianças interpretam o papel de adultos, por isso, muitas vezes elas brincam/praticam longe dos adultos. Isso ajuda a explicar como as crianças podem aprender sem que os adultos percebam – como nas situações em que as crianças de Mato do Tição brincam de restaurante, casinha, mamãe-filhinha, de Candombe e folia de reis. Quanto mais as crianças ficam expostas às atividades diárias dos adultos da Comunidade, mais elas as representam em reconstituições. Nesse sentido, as autoras consideram que essa forma de aprender brincando é uma atividade complementar à aprendizagem observacional. As crianças praticam por meio das brincadeiras aquilo que observaram e observam de forma atenta em seu dia a dia, resume Corsaro (2002).

A seguir, tratarei de uma dessas estratégias de aprendizagem na vida cotidiana presente na cultura de Mato do Tição: as narrativas de histórias. Histórias que circulam através dos mais velhos, dos adultos, dos jovens e das crianças.

APRENDIZAGENS ATRAVÉS DAS NARRATIVAS: AS HISTÓRIAS CONTADAS PELAS CRIANÇAS E PELOS MAIS VELHOS

> Nenhuma tentativa de penetrar a história e o espírito dos povos africanos terá validade a menos que se apoie nessa herança de conhecimentos de toda a espécie, pacientemente transmitidos de boca em boca a ouvido, de mestre a discípulo, ao longo dos séculos **(A. Hampâté Bâ).**

As histórias[55] apresentadas aqui por adultos e crianças são uma ínfima parte das tantas histórias, casos e outras nar-

[55] Histórias, casos e outros textos narrativos.

rativas existentes no Quilombo. Transcrevo aquelas contadas durante a minha permanência no campo, buscando ser fiel ao conjunto de conhecimentos captados empiricamente no decorrer desta pesquisa. Muitas outras, contudo, constam de publicações e coletâneas sobre a Comunidade. O acervo é grande e carece de uma sistematização bem estruturada, partindo-se do que já foi publicado[56] e da coleta de outras histórias contadas pelos diversos moradores de Mato do Tição.

As histórias contadas no Quilombo são importantes sob vários aspectos, sobretudo à questão do aprender em vários outros contextos e de diversas maneiras. Embora as aprendizagens aconteçam o tempo todo, misturando-se práticas discursivas e não discursivas, as histórias não estão separadas das demais formas de aprender. Elas têm um lugar específico na cultura local . Existe uma circulação de histórias emblemáticas, e elas podem performar e configurar os modos de ser das pessoas, elas ajudam a construir identidades e auxiliam a organizar ações e práticas. Há um lugar específico para as narrativas emblemáticas que constituem referências para as pessoas, seja do ponto de vista identitário, seja do ponto de vista do pertencimento e de como eles agem. Com base em um referencial discursivo de como se fala da própria vida, aprende-se da cultura e de si mesmo ouvindo e contando histórias. Lave e Wenger (1991) falam da importância das narrativas como lugar de discursividade que contribuem para a construção da identidade pessoal e coletiva. Pessoas vão contando histórias que ajudam a elaborar as histórias dos outros.

Em Mato do Tição, as histórias têm um lugar distintivo e contam da origem do Quilombo, do seu nome, das lutas pela sobrevivência, dos referenciais religiosos, dos antepassados que marcaram a Comunidade, da vida cotidiana, da natureza etc.

---

[56] Pereira e Gomes. *Ouro Preto das Palavras: narrativas de preceito do Congado em MG*. Belo Horizonte: Editora da PUC Minas, 2003; BRASIL. Ministério da Educação, Secretaria de Educação Continuada, Alfabetização e Diversidade. *Estórias Quilombolas*. Brasília: 2010.

Nas palavras de Amadou Hampatê Bá, a tradição oral é a grande escola da vida. Ela é religião, conhecimento, ciência natural, iniciação à arte, história e recreação. Os ensinamentos fundamentais para a vida social estão contidas nas histórias e narrativas orais e por elas são transmitidos. Hampatê Bá chama a atenção para os conteúdos narrados, aparentes e não aparentes, porque é nessa dinâmica que está a ligação com o conhecimento aos que se educam por meio das narrativas.

As histórias, casos e outras narrativas que aprecem aqui foram aqui contadas por ocasião das entrevistas e também durante as atividades do passeio. Compreendemos que as histórias aqui contadas e tantas outras guardadas na memória dos adultos, jovens, crianças e idosos de Mato do tição, constituem rico material, não só de preservação do patrimônio imaterial do quilombo, como para substituir futuras metodologias educacionais construídas a partir dos elementos presentes nas narrativas. Dar visibilidade ás histórias contadas pelos quilombolas possibilita a circulação de conhecimento que normalmente são alijados nos diferentes espaços da sociedade brasileira

> Os discursos das populações negras foram tecidos ao longo da formação social brasileira ainda que, muitas vezes, tenham sido impedidos de ocupar a cena principal dessa formação. De certa maneira, esses discursos fizeram da condição de marginalidade um fator de constituição de sua identidade, atuando como "memórias subterrâneas" que prosseguem seu trabalho de subversão no silêncio, aflorando em momentos de crise e também nos momentos em que encontram escuta (GOME e PEREIRA, 2003, p. 28).

As pessoas de Mato do Tição gostam de contar histórias, tanto que algumas crianças apresentam uma espontaneidade na articulação das palavras e na arte de contá-las. A menina Keezy é uma delas, agrega às histórias ouvidas dos mais velhos um jeito próprio de contar, acrescentando suas interpretações, gestos e entonações. Em espaço adequado e oportuno, seria interessante analisar o conjunto de elementos trazidos para a narração, a performance em si: o narrar histórias compreende entonação de voz, gestualidade, imitação de pessoas e sons etc. Algumas histórias narradas pelas crianças foram ouvidas de seus avós e elas recontam ao seu jeito com suas formas de interpretação.

Histórias com bichos

Segundo Arthur Ramos (2007), as narrativas com animais existem em todo o mundo. As histórias com bichos são comuns em várias partes do Brasil, destacando-se as indígenas e as afro-brasileiras. Os contos africanos exerceram forte influência nos contos brasileiros com animais. Ramos destaca a existência de histórias envolvendo animais que são praticamente idênticas contadas no Brasil e em diversas partes da África, confirmando a origem africana de muitas histórias recolhidas aqui por diversos pesquisadores. A presença de animais nas histórias africanas é grande:

> A série de animais nos contos africanos é imensa, mesmo porque os negros são diferentes e variam nas usas concepções de povo a povo, de tribo a tribo. Estes animais desempenham funções humanas nestes contos. Têm sentimentos humanos: astúcia, fineza, humor. No Sudão Central, o animal destes contos é a lebre. Nas costas da Guiné, é um pequeno antílope, ao passo que no Baixo Níger vamos encontrar a tartaruga e a aranha. Ainda o coelho, o chacal, a hiena, o elefante, o crocodilo, com seus nomes próprios a cada dialeto, figuram em multidão de contos e fábulas africanas (RAMOS, 2007, p. 145).

Coelho esperto

> O plantador de hortas plantava couve, nabo, cenoura e repolho. Todos os dias, sua horta amanhecia "comida"

> e ele não sabia o porquê. Então resolveu ficar de tocaia. De repente veio chegando o coelho, devagarinho, devagarinho, e foi comendo todas as verduras. O plantador disse: – Ah! É ocê que tá comendo minhas verduras? Venha cá. Ele pegou o coelho e amarrou as suas mãos bem amarradinhas e prendeu ele numa árvore. – Fique aí que eu vou cortar algumas varas para te pagar todas as verduras que você comeu. O coelho ficou tão assustado e pensou: – O que eu faço? Do nada apareceu uma onça. O coelho ficou pulando e dizendo: – Cada pulo que eu dou é mil reais que eu ganho. A onça foi chegando para ouvir. O que ocê tá falando? – Me tira daqui que eu vou te amarrar e ocê fala aquilo que eu tava falando. A onça disse: – Vou falar melhor. Cada pulo que eu dou são dois mil reais que eu ganho. Quando o plantador chegou com as vara, ficou assustado. – Ora, eu amarrei um bicho e estou vendo otro. Você mesmo serve. A onça tomou tanta lambada, que se arrependeu de ter aparecido ali. E o coelho? Ficou só rindo e dizendo: – Era eu que ia tomar, ha, há, há! *(Enan, 11 anos)*

Ouvi essa história do menino Enan, e ele não soube dizer de quem teria ouvido.

Geralmente, os animais são destacados nessas histórias como seres de muita astúcia e sabedoria. E as histórias de animais contada em Mato do Tição expressam esse aspecto de "humanidade" dos animais que têm sentimentos, conversam, praticam travessuras etc. Para Enan, "o coelho foi esperto e se deu bem enganando a onça".

Vem cá, cocota

> Teve um tempo aí pra trás que tinha um bicho que tava comeno as minha galinha. O bicho chegava e as galinha gritava "vem cá, cocota, vem cá, cocota". O tempo passô

e eu arrumei um galo bem bravo pra defender as galinha. Um dia eu vi uma barulhada danada no galinheiro. Fui vê. O galo quando viu que o bicho era uma raposa das brava saiu correndo e abandonô as galinha lá que saíram gritando "vem cá, cocota, vem cá, cocota" *(Seu João, 73 anos).*

Procurando filhote de onça

O povo tava caçando filhote de onça, aí como é que vai fazer pra pegar o filhote de onça? Aí ele ficou vigiando a onça da hora que ela saía. Ela subia no pau, pau pode né? E tava aquele buraco lá dentro e ela dava mamá os bichinhos dela no buraco do pau. Então ela subia e voltava assim, descia de falso, porque às vezes não tinha jeito de virar, né. Ela dava mamá aos bichinhos dela e aí eles ficava lá vigiando assim que ela descesse, doido pra tirar um filhote, e na hora que ela vinha pra dá mamá os bichinhos dela. Na hora que ela saiu outra vez eles subiro lá dentro e descero de falso também, quando ela chegou eles tava lá dentro do pau, aí quando ela foi chegando assim invém de falso, ela não sabia que tinha gente lá, né? E eles, como é que eles ia fazer pra saí? Ela invinha pra dentro do pau. Aí quando ela tava chegando perto deles e eles, como é que eles iam subir pra sair pra fora, né? Quando ela chegou, eles "vap" no rabo dela e gritou "bicho diabo!" Ela saiu pro buraco acima no pau e puxou eles, puxou eles, eles saiu, quando eles saiu pra fora, ela esticou e os meninos saiu com o filhotinho dela na mão *(Dona Bina).*

Essa história de bicho foi contada por Dona Bina, que disse tê-la ouvido de seu pai. Também é uma história em que a onça aparece como um animal que é esperto, cuida dos filhotes e pressente o perigo. Ao relembrá-la, Dona Bina disse que existiam muitas outras, mas que ela havia se esquecido.

O Seu Jair Siqueira, já falecido, é lembrado pelos moradores de Mato do Tição como um grande contador de histórias, um "conhecedor" de histórias sobre bichos, santos, Candombe e das tradições do Mato do Tição. Era dele que mais frequentemente se ouvia as histórias, contadas por Tia Tança, do tempo da escravidão e muitas histórias sobre santos e também casos acerca do Candombe. Nas duas publicações das histórias contadas no Quilombo, é o Seu Jair que apresenta o maior número, totalizando oito histórias. Assim como ele contava histórias de animais, as crianças seguem contando suas histórias de bichos, e as redes de transmissão desse conhecimento se perpetuam.

Casos de fazer medo

No livro editado pelo Ministério da Educação (2010), *Estórias Quilombolas*, há um capítulo destinado às histórias de assombração e mistérios, com seis narrativas ao todo. Essas histórias também parecem ser comuns em muitas culturas, inclusive nas quilombolas. Ramos (2007) faz referência ao Quimbungo como histórias relacionadas a monstros e seres assustadores. O Quimbungo tem origem banto e na África são muitas as histórias sobre esse ser fantasmagórico: meio animal, meio homem. Nas palavras de Ramos (2007, p. 169):

> No Brasil é um bicho de cabeça enorme com buraco nas costas, aonde atira os meninos que persegue para comer. Metade homem, metade animal, o Quimbungo afro-brasileiro pode emparelhar-se à vasta série dos lobisomens da crendice universal.

Apesar de não terem surgido histórias sobre monstros nos relatos colhidos em campo, houve algumas de crianças que disseram ter visto assombrações e também de casos contados por avós sobre monstros. Assim, histórias de dar medo também são contadas pelas crianças que, por sua vez, ouviram dos mais velhos.

Falavam se a gente sair de madrugada, o homem virava lobisomem, contava história de mula sem cabeça e da cobra grande que fica no córrego, da mão lisa que fica no córrego, se faz bagunça a mão lisa pega *(Dandara, 12 anos).*

Assombração na rua

Vovó falou que viu assombração um dia de noite, andando perto da capela. Eu já vi assombração também. Eu tava no bar, era de noite, aí eu tava debaixo da árvore, eu, César e Igor, passou um vulto de costa na rua e nós ali perto, nós saiu correndo, eu acredito em assombração *(Enan, 11 anos).*

O homem do violão e a alma

Vovó falou assim: que um homem veio com o violão quando tinha encomendação de alma aí ele foi e colocou a mão debaixo da porta da capela, a alma passou na mão dele e ele aprendeu a tocar violão. A alma fez ele tocar violão *(Nala, 8 anos).*

Não olhe pelo buraco da fechadura

Na história abaixo, Keezy lembra-se do ritual de encomendação das almas. Essa história foi contada em outra versão por mais duas crianças.

Um dia... acho que é uma lenda, não sei se é verdade que aconteceu... na época de encomendação de alma que a mãe de vovó falou pra ela não olhar no buraco da janela. Aí, foi lá, ela queria ver o que era e pôs o olho lá, aí a alma oh! (faz como que assopra), soprou o olho dela e o olho ficou gemendo, minando lágrima e aí ela pediu pra rezar 3 Ave-Maria e 3 Pai Nosso, aí ela rezou e parou um pouco, aí ela aprendeu que não pode olhar no buraco de janela e nem no buraco debaixo da porta *(Keezy, 7 anos).*

Interessante observar como a menina se refere à história que supostamente pode ser uma lenda: apesar de ter ouvido de sua avó, ela fica na dúvida sobre se é verdadeira ou não. Quando perguntada se é uma lenda, ela completa: "lenda é uma coisa que eles inventa aí, as pessoas fica com medo, não sabe se realiza, não sabe se que é verdade, eles fala que é verdade." As outras duas meninas que contaram a mesma história demonstraram acreditar na versão da avó, de que não poderiam olhar pela janela ou entre a porta durante o processo de rezas para encomendação das almas. Elas disseram que ficam com muito medo de ver a alma e ela fazê-las chorar durante muito tempo.

Tal história representa um interdito ensinado de geração em geração. Através de histórias dessa natureza as crianças vão aprendendo sobre a seriedade do lidar com os mortos. O medo, futuramente, se transformará em respeito aos antepassados, aos antigos, aos entes queridos.

Sobre essa questão, Keezy, por exemplo, que havia perdido sua mãe recentemente, aprendeu a lidar com a sua perda a partir das conversas com seus avós, tios e tias. Eles a ensinaram que sua mãe, apesar de ter morrido, estava o tempo todo presente em sua vida e que a acompanhava em seu crescimento. Esse ensinamento inscreve-se numa visão de vida e de morte comum a diversos povos africanos, na qual os antigos, os antepassados e os que morreram recentemente são rememorados pela comunidade, principalmente durante os ritos religiosos, na reza do terço, nas orações individuais: "[...] enquanto a pessoa é lembrada e reconhecida pelo nome pelos parentes e amigos que a conhecem lembrando sua personalidade, caráter, palavras e incidentes de sua vida, ela continua a existir." (NOBLES, 2006, *apud.* NOGUEIRA, 2013, p. 96)

Para Keezy, esse ensinamento foi fundamental para superar a dor de ficar sem a mãe e ela ajuda outras crianças a superarem também a perda de pessoas queridas:

> Um dia a avó de Hanna faleceu. Eu falei "oh Hanna, sua vó tá no seu coração, ela tá chorando lá no céu, não chora não, ela tá triste, quando a pessoa falece, ela tá dentro do seu coração. A alma dela tá no céu, a gente sente ela no coração". Eu sinto, eu fico conversando com mamãe, eu tenho vergonha de falar na frente dos outros, então eu falo à noite, converso com mamãe e peço benção, quando eu vou pra BH eu falo que volto logo *(Keezy, 8 anos).*

Ao contar que conversava com a mãe quando ia dormir, Keezy demonstrou que realmente sentia a presença da mãe.

CASOS SOBRE AS TRADIÇÕES DO QUILOMBO

A seguir, apresento histórias referentes ao Candombe, à origem de alguma festa e também sobre santos e referências a antepassados, como a Tia Tança. São histórias e casos que marcaram e marcam a cultura de Mato do Tição.

Origem do Candombe

> O Candombe era a festa dos escravos. Não tinha as festas de hoje, era a festa que os escravos podiam fazer. Que quem trouxe para o Matição foi meu avô José Pereira, que veio de Pinhões[57]. Pedro Basílio trouxe a caixa e juntou com os tambores, ele era do Açude[58]. Rita Basílio era escrava e foi separada dos filhos, foi levada para a fazenda próxima ao Matição. As filhas vieram fugindo até acharem a mãe, e lá ficaram com ela e ficaram todos lá. Benjamim, meu pai, aprendeu o Candombe com os netos de Pedro Basílio. José Pereira ensinou Candombe a Pedro Basílio *(Seu Dante).*

---

[57] Pinhões: comunidade quilombola da cidade de Santa Luzia, Minas Gerais.

[58] Açude: comunidade quilombola da Serra do Cipó (Jaboticatubas, MG).

Origem do Mês de Maria

A imagem de Santana é do tempo dos escravos. O meu pai fez a primeira eucaristia, minha avó tinha a imagem e rezava o terço no mês de maio. Com o passá do tempo, começaro a cantá e rezá o terço e isso chamô a atenção dos vizinho que dizia: "Ah, cês tão rezando e cantando, a gente podia ir também?" Ainda morava em um rancho de capim e o povo começaro a fazer as rezas com músicas, os vizinhos trazia coisas para o leilão. A festa foi crescendo e começaro a anunciar pra fora. Foi assim que implantaro o mês de Maria, todo maio tem *(Dona Nilse).*

A Festa de Maio

Os festeiros pegam sua bandeira e sai andando na procissão. Quando chega levanta a bandeira de São Sebastião, Santana e Nossa Senhora de Lourdes. Eles festejam com muita alegria e as crianças fazem a sua parte coroando *(Nala, 7 anos).*

Falando um pouco sobre a Festa de São João

A Festa de São João é uma reza religiosa. Nesta festa vem muitas pessoas pra ver a fogueira se queimar, as pessoas passam na brasa, só quem tem fé. Vende várias coisas gostosas como caldo de mandioca e de feijão, pastel, maçã do amor, chá de amendoim e quentão. As pessoas viram a noite com o show que tem e é muito gostoso de dançar. Gosto muito dessa festa. Aposto que todo mundo gosta dessa festa religiosa. As pessoas cantam na reza que tem na igreja de Dona Divina. Quando eles passam na brasa, eles falam "Viva São João, viva Nossa Senhora de Lourdes!" E outros *(Ayana, 10 anos).*

Tia Tança

Ela tomava conta de nós, ela ajudou a olhar nós tudo. Ela era irmã de minha avó Rita e foi morar com nós. Ela

> ia no Candombe, ela cantava Candombe e assim a gente aprendeu o Candombe, com ela.
>
> Ela era escrava, eu não lembro dela contar caso de escravo não.
>
> Ela era muito boa pra nós. Ela lavava os pratos, quando todo mundo cabava de comer, lá em casa era muita gente, ela juntava aquela pia de prato e botava nas cadeiras, eu não sei como não caía os pratos, aquele tanto de prato, lavava no córrego e acabava e vinha cantando mesmo, ela era muito alegre *(Dona Bina)*

A Tia Tança (Constança) aparece em muitas narrativas dos mais velhos. Foi com ela que aprenderam o Candombe e o batuque. A alegria e a amorosidade era a marca de Tia Tança, que ajudou a criar os filhos da sobrinha. Ela é citada na maioria das pesquisas sobre o Mato do Tição e é reverenciada como aquela que deixou o legado do Candombe, das palavras "africanas", dos cantos em outras línguas. Tia Tança representa uma espécie de elo com as tradições afro-brasileiras e, aos poucos, vai se tornando uma espécie de figura mítica que legou os valores da cultura africana presentes no Quilombo.

Histórias sobre ofícios e trabalho

As histórias e outras narrativas sobre trabalho também aparecem com frequência nos relatos. Destaco algumas delas. Vale observar que a história contada por Keezy sobre a menina que trabalhava muito se aproxima da história contada por Dona Firmina, que trabalha desde criança e, hoje, encontra sua forma de "ver passar o tempo" no trabalho constante que se estende por longas horas do dia.

A menina que não tinha tempo de fazer nada

> Em uma fazenda tinha uma menina que morava sozinha. Tomava conta de tudo. Ela era apressada, ia cuidar

> do porco, era daquele jeito! Não tinha nem tempo de fazer comida. E tinha que pegar ovo da galinha, tinha que fazer um monte de coisa. E era aquela bagunceira! Tinha que molhar as plantas e as flores. E corria, corria, ficava cansada, não tinha jeito nem de beber água. E ela não tinha nenhum dinheiro para fazer compra, mas tinha um pouco de comida. Mas num dava tempo de arrumar a casa nem beber água. Ela corria pra lá e pra cá. Daquele jeito! Ela ficou triste mesmo, e o tempo passava e ela ficou velha *(Keezy, 7 anos).*

Essa história contada por Keezy é semelhante à realidade dos mais velhos quando crianças: o trabalho até a exaustão, sem tempo para fazer as coisas de criança. Essa história foi "inventada" por Keezy, mas certamente remete a outras que ouviu de seus avós e tias sobre a dureza de seus tempos de criança. Durante o passeio, na parada em sua casa, Dona Bina fez referência às dificuldades pelas quais passou quando criança e alertou para a importância dos meninos e meninas aproveitarem o momento que estão vivendo: "muito melhor do que foi o meu, ocês num sabe o que é trabaiá."

Ofício de fazer doce

> Eu aprendi a fazer doce olhando minha avó, ela sabia fazer cada doce difícil, que gastava muito tempo. Era doce de mandioca, de palmito. Eu via ela fazendo doce e fui gravando aquele trem na minha ideia, e fui aprendendo. Pra fazer o doce de leite primeiro tem que lavar o tacho com laranja creme e sal, pra não pretiá e depois coloca o leite e açúcar e vai mexendo. Coloco 25 litros de leite e 12 kg de açúcar e vou mexendo. O canudo eu faço tudo a mão, a massa e tudo. Eu corto um pedaço de bambu fino do tamanho que quero o canudo e modelo a massa nele. Depois é só fritá e quando esfria, coloca o doce de leite lá dentro *(Dona Firmina, 57 anos).*

Sabão "dicuada"

Naquele tempo a gente tinha que fabricá quase tudo. Esse sabão eu aprendi comigo mesma. Tinha uma dona perto da casa de papai, que fazia esse sabão, então nós comprava esse sabão na mão dela, e aí quando foi depois, eu casei e falei "ah e eu que vou fazer desse sabão também". Fazer com cinza. Aí arrumei uma vasilha, uma lata velha né, encarquei bem e fui pondo a água, quando ela pingou, eu pus o óleo na panela, ele é danado pra subir, tem que por poco fogo. E fica três dias, a cinza de manhã até de noite pinga, põe água, quando secar uma põe outra em cima. Três dias cozinhando.

Faz na lenha, ninguém guenta gás, de primeiro não tinha gás, pegava lenha no mato pra fazer cumê e sabão também.

Pega uma vasilha, caco, enche de cinza, encarca (aperta) bem, porque se não encarcar põe a água e desce no instatim. Então tem que encarcar bem e põe a água e faz aquele bojo pra por água, vai pondo água e gasta um dia inteiro pra pingar, quando começa a pingar é mesma coisa de um vinho, mesma coisa de um vinho, aí põe um bucado de óleo na panela e vai pondo aquela que chama de coada, aquela cinza que ficou pingando ali, chama "dicuada", vai tirando e pondo na panela onde tá o óleo e vai mexendo, mexendo, até levantar aquela gordura, até virar sabão.

Esse sabão é bom pra tudo enquanto há, lisar a pele, tirá aquela cafobilha tudo do corpo, alergia que tem no corpo, ferida, lavar ferida, pra sarar aquela ferida. O sabão arde, arde naquele lugar e então tá tirando os micróbi, enquanto arder é que tá comendo os micróbi. Esse sabão come micróbi que tá no corpo naquele lugar, que tá machucado, no instatim sara. Às vezes tá com aquela alergia no corpo, também cravo, espinha, limpa tudo, fica tudo limpim, lisim. Não tinha outro sabão, era cinza mesmo, com aquela dicuada pra lavar roupa, lavava roupa e nós ia pro forró ainda, alegre. Até hoje eu gosto do forró. As cadeiras tá doendo, quando toca eu saio dançando *(Dona Bina).*

TEXTOS NARRATIVOS

Passeio para Conceição do Mato Dentro e mais...

Um dia fizemos uma excursão para Conceição, um lugar muito bonito onde foram muitas pessoas. Adorei ir nesse passeio. Todo o caminho percorrido, por onde passava, uma coisa mais linda que a outra, paisagens deslumbrantes. Saímos daqui do Matição bem cedinho, antes das sete. Nunca tinha ido, foi a primeira vez e adorei. Não imaginava que fosse tão legal e divertido.

> Passamos por montanhas, rios e pelas cachoeiras. Ficamos eu e Dandara juntas. A neblina tampava totalmente a paisagem. Na estrada havia uma capelinha onde ficava uma santa dentro para todos que passavam por ali. Quando chegou lá, uma multidão de pessoas, andamos e vimos as coisas. Então fui às compras. Compramos e compramos. Comprei muita coisa. Foi bem legal. Até que chegou a hora de vir embora. Pelas imensas e belas paisagens viemos embora. Esse passeio foi ótimo, adorei, foi surpreendente. Ah! Mas as montanhas, áreas de turismo não tem explicação. Tem aviãozinho jato que decolava nas nuvens com as pessoas e a cavalgada. Oh! Fiquei rosa choque sem medidas! *(Kênia, 13 anos).*

Nesse texto narrativo, saímos um pouco das histórias passadas no Quilombo para a alegria de Kênia pela realização de um passeio feito em outra cidade. Esses passeios, apesar de não serem muito frequentes, acontecem esporadicamente em excursões organizadas pelos moradores para participação em festividades em outras comunidades e cidades vizinhas.

A natureza do Mato do Tição

No Mato do Tição há muita natureza, com grandes árvores, cachoeiras, rios, córregos e vários tipos diferentes de animais, como papagaios, tucanos, veados, gansos e peixes. Um fato de desrespeito à natureza foi quando a prefeitura jogou lixo de cemitério na nascente do córrego do Mato do Tição. Uma mulher do Projeto Trilhas da Serra criou um poema para a comunidade: "O Quilombo do Mato do Tição mora no meu coração, e por isso, lixo no chão eu não jogo não." *(Enan, 11 anos)*

Essa preocupação com a natureza é constante entre os moradores de Mato do Tição, principalmente devido às constantes degradações de rios e matas causadas tanto pela utilização irregular quanto pela falta de investimento público em ações de preservação do meio ambiente. O menino Enan demonstra estar atento para essa situação. Também se pode perceber a influência dos projetos desenvolvidos na Comunidade para a compreensão das crianças a respeito da necessidade de preservação ambiental.

Em seguida, descrevo outras formas de aprendizagem que acontecem no Quilombo, no cotidiano de seus moradores por meio da família, do cuidado com as crianças, da participação em oficinas etc.

PARTICIPAÇÃO DAS CRIANÇAS NA VIDA COTIDIANA: APRENDENDO EM VÁRIOS CONTEXTOS E DE DIVERSAS MANEIRAS

As possibilidades de aprendizagens experimentadas pelas crianças de Mato do Tição são diversas, como já dito. Os contextos para as aprendizagens são múltiplos, bem como seus interlocutores, que são as próprias crianças e também os adultos. Os ensinamentos se dão em situações de aprendizagens sistematizadas, como nos projetos e nas oficinas desenvolvidas na Comunidade, assim como na escola, lugar do conhecimento formal e onde as crianças geralmente aprendem todas ao mesmo tempo as mesmas coisas.

Os aprendizados na Comunidade não necessariamente se dão de forma explícita, podem ocorrer em pequenas instruções verbais ou demonstrações. Um exemplo disso foi observado com o menino Enan e um de seus tios:

> Enan estava varrendo o terreiro[59] nas proximidades do Bar do Ley e da Capela por ocasião dos preparativos para a Festa dos Três Santos no mês de maio. Ele reclamava que varria e varria e não limpava direito. O tio, vendo a aflição do menino, pega na vassoura e começa a varrer o chão e diz que passando a vassoura por cima, de leve, era mais fácil para tirar as folhas, e diz para o sobrinho passando a vassoura para ele, "se tiver boa vontade, a vassoura fica boa" *(Caderno de campo, 05 de maio 2013).*

Essa situação demonstra um tipo de aprendizagem de uma prática corriqueira na vida das crianças: a da "varreção" do quintal. Nesse caso, o espaço a ser varrido era bem maior que o de costume e precisava ficar bem limpo, pois se tratava do lugar onde seriam realizadas as cerimônias da festa de maio.

Retomando a abordagem de Gaskins e Paradise (2010), a instrução direta da aprendizagem da criança acontece de forma complementar às atividades que se dão de forma não explícita. Possivelmente, o menino Enan aprendeu a varrer terreiro observando os adultos e as outras crianças mais velhas e, à medida que foi praticando, foi aperfeiçoando essa atividade dentro dos seus limites. Mas ao lhe ser atribuída a tarefa de varrer um espaço maior para uma ocasião especial, o menino precisou de um auxílio, pois se tratava de uma maior dificuldade: varrer um espaço bem maior do que aquele que estava acostumado. A instrução do tio se deu por meio da demonstração e também de modo verbal direto sobre como deveria pegar na vassoura e seguir a varreção de forma "mais leve". Também nessa situação, existe um aprendizado enquanto se trabalha. Enan já realizava aquele tipo de atividade há mais tempo e teve a oportunidade de aprimorá-la através da demonstração do tio. Podemos ver que em Mato do Tição muitas coisas são aprendidas "naturalmente" e não estão separadas da vida cotidiana. No momento da "varreção" do quin-

[59] Em algumas localidades de Minas Gerais, "terreiro" é sinônimo de quintal.

tal, foi necessária uma breve instrução de alguém que tinha mais experiência para que o mais novo pudesse aprimorar a sua prática. De acordo com Gomes (2013, p. 88):

> Aprender e ensinar fazem parte do mesmo contexto social de ação onde ocorrem as atividades da vida cotidiana da comunidade, e no qual os sujeitos se inserem de forma diferenciada em função das suas possibilidades de participação e dos seus objetivos. Nesse sentido, são as próprias crianças que muitas vezes se propõem a participar de alguma atividade [...]. Tais formas de participação funcionam como situações de aprendizagem *in loco*.

A maioria dos aprendizados das crianças acontece no chão da comunidade, por meio de sua participação constante nas atividades, tais como no cuidado com a casa, no cuidado das crianças menores, nas conversas em família, na organização e na preparação das festas, na organização e na execução dos ritos religiosos etc. No caso das festas e dos ritos religiosos, em se tratando do Mato do Tição, vê-se que tais atividades fazem parte de sua rotina. Ao longo do ano, as crianças se veem às voltas com uma série de festividades e celebrações que praticamente compõem o fazer diário da vida na Comunidade.

A aprendizagem com demonstração e instrução mais constante acontece dentro da Comunidade nas situações de ensino das tradições locais: Candombe, batuque, reza do terço, cantos, versos da Coroação, capoeira e outros. Esses conhecimentos são ensinados pelos próprios integrantes da Comunidade. Primeiramente, eles foram organizados em forma de oficinas por ocasião da implantação dos Pontos de Cultura[60] instalados ali em 2011. As oficinas estenderam-se até o ano de 2012. Os mestres que ensinaram as crianças eram seus

[60] O projeto foi criado no ano de 2004, pelo Ministério da Cultura, e tem como proposta fazer com que os projetos culturais nasçam da própria comunidade, baseados em tradições e na sedimentação do saber cultural existente no próprio território. Disponível em: <http://www.mobilizadores.org.br>. Acesso em: 7 maio 2015.

tios, primos e avós. Mas esses aprendizados continuaram após o fim das oficinas de outras maneiras.

Ao falarem com quem aprendem determinados saberes, as crianças sempre evocam seus familiares:

> Tio Martinho ensina nós a tocar e dançar o batuque, mamãe ensinou a rezar *(Ayana, 10 anos).*
>
> O Candombe eu aprendi com tio Adoniran *(Keezy, 7 anos).*
>
> Rezar eu aprendi com tia Ágata, dançar batuque com tio Martinho e o Candombe eu aprendi foi com papai *(Nala, 8 anos).*
>
> A cantoria, a Ágata ensina a gente *(Kele, 8 anos).*
>
> As músicas que não é do Candombe eu aprendo na folia com tio Badu, Dante, Martinho *(Enan, 11 anos).*
>
> Cada um ensina uma coisa *(Geórgia, 9 anos).*
>
> As coisas da cultura aprendo com vovô Dante, vovó, ensina e conta as histórias daqui de antigamente *(Dandara, 12 anos).*

Também apresentam a dimensão de um conhecimento que se dá de várias formas e em diversos contextos, com destaque para o aprendizado por meio da observação, da escuta, da prática e, esporadicamente, de perguntas dirigidas aos conhecedores de determinado ofício ou saber.

> É de família, cada um aprende e vão passando para os outros. Nas rodas de conversa *(Ayana).*
>
> Ensaiando e olhando os outros *(Geórgia).*
>
> Observando, participando. Eu tento pegar o ritmo com elas, vou cantando e aprendendo. Ágata, ela ensina cantando com a gente e depois coloca no papel e a gente decora. Quem não sabe lê ela vai falando até ela aprender *(Kele).*
>
> Experiência própria, vovó me ensinando a cozinhar, pegar lenha *(Dandara).*

> Eu pergunto para os mais velhos e eles respondem, aprendo com o povo mais velho. Dante, Divina, vovô, vovó. Já perguntei como surgiu o Candombe *(Enan)*.
>
> Fui cantando, cantando até aprender, gastei muitos dias. É muito legal, depois da Coroação eu ganho a prenda *(Hanna, 5 anos)*.
>
> Eu toco o guaiá, tem outras pessoas que tocam também, meu tio me ensinou, tio Adoniran, me ensinou um jeito mais fácil de tocar ele, também tem uma sementinha assim do pé, da casa de Iolanda faz o barulhinho do guaiá, é tipo um chique-chique. Eu gosto de tocar e quando eu crescer eu vou participar de tudo que é trem. Eu participo do reinado né. Meu tio Martinho perguntou: "cês qué participar do reinado?" Eu falei "sim, quero", porque eu nunca participei, e aí ele falou que tem os passos assim de rodar e mais a gente toca mais é o pandeiro *(Keezy)*.
>
> Eu fico olhando os outro cantando as música e eu aprendo *(Keezy)*.
>
> Eu observo elas aí depois eu faço *(Aurora, 8 anos)*.
>
> Eu aprendi a rezar vendo *(Enan, 11 anos)*.
>
> Eu escuto o som e aprendo a cantar as músicas *(Nala)*.
>
> Observando o que tio Adoniran fazia *(Ayana)*.
>
> A Coroação é assim: a Serena ensina, ela escreve o verso no papel, quem não sabe ler ela canta com a menina até ela aprender *(Nala)*.

A forma predominante de aprendizagem é a da observação, como muitas crianças indicam: olhando, prestando atenção, para depois praticar. Durante a pesquisa de campo, foram inúmeras as situações observadas em que as crianças ficavam paradas durante um tempo considerável observando alguma prática: o rito do Candombe, a feitura de grandes quantidades de comida para determinada festa, a construção da fogueira para a *Festa de São João*, os penteados feitos nos pequenos, as rezas de ladainhas por ocasião dos ritos religiosos, as reuniões da associação quilombola etc.

Algumas, após longo tempo de observação, faziam algumas perguntas pontuais como "Quanto tempo tem que deixar a carne no fogo pra ficar pronta?" (Nala, 8 anos); "Como é que faz para o canudo de doce de leite ficar tão certinho?" (Enan, 11 anos). Mas não fazem muitas perguntas no geral, elas mais participam observando e praticando do que falando e perguntando. O que corroborando com o que Chantal Medaets (2011, p. 12) concluiu ao observar as aprendizagens de crianças ribeirinhas do Amazonas: a observação é uma ferramenta privilegiada por elas para aprender e elas só "entram em ação" quando já conseguem realizar determinada tarefa bem.

Cada criança expressa o seu jeito próprio de aprender com base em suas experiências, como disse Dandara. Experiências que são alcançadas através de um intenso processo de participação que requer atenção, acuidade, desenvoltura, interesse, desejo e motivação. A descrição de Keezy quanto ao seu processo de aprendizagem do Candombe é ilustrativo das particularidades que envolvem o aprender significativo para as crianças. A menina pratica o que é ensinado ao seu jeito: tentando, indo aos poucos, devagar para não se confundir:

> Primeiro eles [os tios] explicam: "ocê tem que fazer isso, tem que fazer aquilo", e testam umas cinco vez, aí ocê treina e já faz. Igual cê vai tocando o tambor do Candombe, primeiro ocê tem que sentar, segurar o tambor e ir no toque tumtumtum, aí cê vai tutumtum, tum... a gente vai aos poucos porque é muito difícil, porque na hora de ir rápido a gente embaralha, eu também, se a gente ir rápido eu... embaralho com minha cabeça e eles fica cantando e eu toco guaiá, e eu vou e paro de tocar e fica esse trem. E as pessoas orgulham também, parabéns, cê sabe tocá o Candombe, a única pessoa que toca só guaiá lá é eu. E aí os adultos toca os outros [instrumentos] (Keezy, 7 anos).

Além das estratégias da instrução e da demonstração dadas por quem ensina (os tios), identifica-se aí a prática e complementarmente aquilo que Gaskins e Paradise (2010) cunharam como *feedback*, que pode funcionar como um elemento importante para a motivação do aprendiz. Nesse caso, Keezy recebe elogios – "e as pessoas se orgulham também, parabéns, cê sabe tocá Candombe". Os elogios incentivam a criança a realizar uma atividade tradicionalmente valorizada na Comunidade. O *feedback* auxilia a criança no seu senso de pertencimento social e no seu comprometimento para assumir uma responsabilidade no seu processo de aprendizagem, dirigindo seus esforços para aprender. O elogio cumpre um papel de dar um retorno para a criança sobre o que ela conseguiu aprender de forma positiva. Sendo assim, a criança poderá, posteriormente, participar da atividade de forma mais efetiva. Foi assim que Keezy se tornou a tocadora de guaiá[61] em algumas apresentações do Candombe. Ela mesma demonstra sua satisfação em fazer parte do Candombe e diz que quando crescer continuará participando de tudo, ou seja, das atividades que envolvem as tradições, o reinado, o Candombe, o batuque, as rezas, as canções: "e quando eu crescer eu vou querer participar de tudo que é trem".

A motivação ocorre principalmente porque a criança sente-se bem em aprender aquilo que faz parte de seu mundo social. Nesse processo, a criança pode se sentir orgulhosa quando aprende algo que integra sua cultura.

Outra situação de aprendizagem dentro do contexto da comunidade é a preparação para a *Coroação de Nossa Senhora*, que acontece durante todo o mês de maio. Os ensinamentos para a Coroação são realizados geralmente por um grupo de mulheres, tias das crianças, que ensaiam os cantos, versos, gestos, cortejos que apresentarão no dia da Coroação. As crianças recebem instruções e vão praticando em casa e também nos ensaios que acontecem semanalmente. Vemos que existem diferenças nos

[61] O guaiá é um dos instrumentos utilizados no Candombe.

modos de ensinar de acordo com a idade das crianças, o grau de maturidade e se são alfabetizadas ou não. Para quem já sabe ler, os versos são escritos no papel e a criança vai treinando. Para as que não sabem ler, canta-se com elas até que aprendam. Praticamente todas as meninas de Mato do Tição menores de 12 anos participam da Coroação, assim como crianças de comunidades vizinhas. Porque ensaiam com as tias e praticam no grupo de pares, elas têm um engajamento nesse processo e conseguem desempenhar o papel de "coroantes" muito bem.

A Coroação é um ritual muito valorizado em sua cultura. Existe um público composto por parentes, vizinhos e visitantes de diversas localidades que participam das celebrações do mês de maio. As crianças sabem da importância da Coroação, que é um rito público. Elas compreendem tanto o significado performático como o significado religioso do rito. Esse aprendizado se deu ao longo do tempo, desde que eram bem pequenas participam de todos os ritos de louvor a Nossa Senhora, como a novena, a reza do terço, a missa, a cerimônia de Coroação e a culminância com a *Festa dos Três Santos*. O processo de ensaiar para a Coroação é apenas uma parte de um todo que compõe os ritos religiosos do mês de maio ou mês de Maria, como dizem alguns.

O aprendizado das crianças é efetivo principalmente porque existe um envolvimento tanto pessoal quanto coletivo para que, de fato, aprendam. De acordo com Gaskins e Paradise, quando a qualidade do envolvimento e compromisso é alta, então a criança é mais propensa a organizar e digerir as informações e experiências. Elas trazem para essa atividade uma atenção peculiar. Quando a importância e o potencial são culturalmente amplificados ou aumentados em valor, a aprendizagem que se dá pela observação e outras estratégias, como o ensaio e a prática do que se observou, torna-se uma habilidade muito importante e possui um poder memorável.

Em todos os rituais de coroação que pude observar na Comunidade durante os três anos que fiquei em campo, foi possível sentir e perceber o envolvimento pleno das meninas. Desde os 2 anos de idade elas já estão imersas no processo de aprender a coroar e participar das celebrações. Seus gestos, olhares e expressão de alegria e orgulho ficam estampados nos olhos. São anjinhas negras orgulhosas de fazerem parte de um momento que é muito valorizado por elas e por toda a Comunidade.

Processos semelhantes acontecem também em relação ao aprendizado de músicas para o coral e na recente participação das crianças no reinado de Nossa Senhora do Rosário e na *Folia de Reis*. Dentro desse cenário de muitos aprendizados culturalmente relevantes, existem ainda aqueles que se dão por meio de projetos desenvolvidos por pessoas e organizações de fora da Comunidade. Já foram realizados inúmeros projetos de teatro de bonecos e confecção de máscaras, arca da leitura, teatro, dança e capoeira. A seguir, descrevo alguns elementos da oficina de capoeira realizada durante o ano de 2013, que contou com a participação de um número significativo de crianças.

APRENDIZAGENS POR MEIO DE ENSINO SISTEMATIZADO DENTRO DA COMUNIDADE: A OFICINA DE CAPOEIRA

A escolha da oficina de capoeira deveu-se ao modo como ela foi conduzida. Nela, os procedimentos de ensino encontram-se muito próximos das formas de aprendizagem que acontecem quando um membro da Comunidade conduz o aprendiz com algum tipo de instrução ou demonstração. O mestre de capoeira utiliza-se do contexto da Comunidade e também de provérbios e ditos para introduzir as crianças nas atitudes necessárias para o aprendizado da capoeira.

A forma encontrada pelo mestre demonstra o seu respeito pela cultura local e também a sua compreensão do contexto sociocultural no qual as crianças estão inseridas. A participação ativa das crianças nessa oficina é mais explícita e pode ser demonstrada pelas perguntas, comentários e interação mais direta com o mestre. Não quero com isso dizer que as aprendizagens nos outros contextos não sejam ativas. O próprio ato de observar com atenção já é uma postura ativa da criança no processo de aprendizagem, embora para quem vê de fora possa aparentar que a criança em atitude de observação não esteja ativamente envolvida no processo. É um envolvimento ativo e, muitas vezes, silencioso; é atencioso e requer destreza do aprendiz que busca capturar elementos suficientes para que possa praticar, posteriormente, o que observou.

O interesse das crianças pela capoeira facilita o processo de participação. O encaminhamento da oficina, realizado com demonstrações, explicações, uso de provérbios e exemplos retirados do contexto de Mato do Tição, contribui para a fluidez do processo. Processo que se dá não sem conflitos, mas com conflitos que são resolvidos no interior do grupo com palavras de estímulo que partem tanto do mestre quanto dos adultos e das crianças presentes na oficina. A satisfação do menino que consegue fazer um movimento que de início lhe pareceu difícil reafirma a importância do *feedback* para os processos de aprendizagem que se dão na prática. A descrição da cena abaixo traz a dimensão da importância de um tipo de ensinamento e aprendizagem situados no contexto das crianças.

> Às 19 horas teve início a roda. O mestre foi mostrando a batida de cada instrumento para cada criança. Aos poucos o grupo foi seguindo o ritmo. Em seguida, separou o grupo que queria fazer a roda e não tocaria os instrumentos. D. Nilce pegou Lígia no colo (ela já estava querendo dormir). D. Nilce falou para deixar só um pandeiro. Perguntou por Keezy e Nala. Em seguida, as duas chegaram. Receberam uma folha com desenhos dos principais movimentos da capoeira. O mestre disse que teriam que ligar os pontos para formarem a roda da capoeira e foi explicando como fazer cada movimento.
>
> Havia oito crianças na roda jogando capoeira e oito com os instrumentos. Os tocadores iniciaram com os instrumentos. Sr. João, que estava assistindo, ensaiou alguns movimentos. Os instrumentos eram: 1 reco-reco, 1 agogô, 1 atabaque, 2 pandeiros, 3 berimbaus.

A música era "Eu via a cutia com coco no dente, comendo farinha com cocada quente". Após alguns exercícios, trocaram o grupo da roda pelos tocadores.

Seguiam a música "Beira-mar ioiô, beira-mar ioiô, beira-mar iaiá, beira-mar iaiá, a ladainha chega corrido".

O mestre diz: só de sentar na roda já estamos começando, saímos do pé no chão. Explicou sobre a ladainha, disse:

– Não se joga capoeira na hora da ladainha. Quando está jogando tem que estar com o ouvido aberto para cantar. É bom para o mundo, ouvido aberto e boca fechada, ensinamento que os antigos ensinam. No mato, por exemplo, se não se prestar atenção a onça vem e come.

Todas as crianças ouviam o mestre e aguardavam a próxima "instrução".

– Depois da ladainha vem a chula:

"Iê viva meu mestre, iê viva meu mestre camará". Nala disse:

– Não falou a chula não!

Mestre explicou que os cantos "iê viva meu mestre", era a chula. Se dirigiu a Keezy, que havia saído da roda:

– Quem fica fora da roda não aprende.

– Quando vê a cascavel armando na rodilha gamada no pé de pau a preguiça arrepia. O que isso quer dizer?

Responderam em coro: "medo"!!!

– Qual é o outro sentido?

– O canto da capoeira é o canto do Candombe, canta uma coisa para dizer outra. Quando eram escravizados não podiam dizer, por exemplo, que iriam fugir, então cantavam um ponto. A música popular tem isso, metáfora, linguagem por meio do sotaque. Não vou entregar muita coisa escrita, será a tradição oral. Vamos trabalhar a memória.

Todos ouviam em silêncio.

– Ladainha, canta corrido, "angola ieie". Samora canta um corrido e todos riem.

Nala canta um corrido:

– Minha mãe Angola... eu vim fazê chuê, chuá, eieie.

Mestre mostra o triângulo, fazia os movimentos e pedia para todos fazerem no triângulo.

Carla:

– Nossa senhora! Eu tenho que aprender a fazer esse trem.

Algumas crianças diziam: me ajuda, eu consegui, é muito difícil.

Enan:

– Ah, eu não consigo esse trem, eu não consigo, é a primeira vez.

Depois de algumas tentativas, Enan ficou no chão. Após muitos chamados, Enan, irritado, disse:

– Eu não consigo fazer nada!

Mestre:

– Consegue dar a volta ao mundo?

Enan:

– Não, não, eu tenho pé grande. Sua avó disse:

– Deixa de bobagem, aqui não tem isso não, você consegue tudo.

Enan levanta e resolve fazer o próximo exercício com a Kele. Ele levanta Kele em suas costas e depois trocam. Carolina depois ajuda Enan a levantar Samora. Enan levanta Hanna e depois chama Kele e diz "eu sei agora".

A oficina já está terminando. As crianças vão aos poucos se dispersando. Geórgia aparece chorando e dizendo que seu dedo está machucado.

Mestre nos chamou: eu, Acotirene e Solano para tocar os instrumentos e ele fechar a aula com movimentos com as crianças todas. As crianças fazem os movimentos que aprenderam no dia. Chamou todos que estavam presentes para a roda, Seu João e D. Nilce.

– Viva Matição, viva Deus, viva!

> Depois de brincarem um pouco com bola e pega-pega, todo mundo foi indo embora *(Diário de campo e gravação em 6 jun. de 2013).*

Observa-se nessa cena procedimentos que merecem atenção. O mestre tem uma interação boa com as crianças, preocupa-se em ensinar a todos, faz relação entre a capoeira e a vida. A oficina de capoeira é um ensino sistematizado, mas não se constitui como um ensino formal. Alguns projetos desenvolvidos na Comunidade seguem esses mesmos princípios, com os ensinamentos colados às vivências socioculturais das crianças. Naquela roda de capoeira, o círculo composto pelas crianças trouxe a dimensão da importância da aprendizagem situada. O espaço aberto e o terreiro de Mato do Tição também contribuíram para a interação entre as crianças e os adultos.

AS APRENDIZAGENS PRESENTES NOS CUIDADOS COM AS CRIANÇAS

As crianças no Mato do Tição são cuidadas pela família nuclear e pela comunidade, que compreende a família extensa congregando diversos membros em escalas diferentes de proximidade. Atualmente, as crianças nascem em hospital da cidade de Jaboticatubas ou da capital Belo Horizonte. Não houve nenhum relato de crianças da geração pesquisada nascidas na própria Comunidade. No passado, muitas crianças vieram ao mundo pelas mãos de parteiras ali residentes. Hoje, os cuidados com a saúde são feitos a partir de consultas médicas por ocasião da presença de uma equipe de saúde que visita a Comunidade para os atendimentos. Mas as práticas locais para tratamento de algumas moléstias ainda permanecem e constituem-se, principalmente, da administração de chás, banhos e benzeções.

Curas pelas benzeções

As crianças listaram uma série de males que são curados pelas benzeções, realizadas principalmente por Tia Divina. As crianças já foram curadas porque estavam aguadas, com o vento virado, espinhela caída, mau-olhado e cobreiro. Elas falam dos sintomas de cada um desses males e acreditam que as benzeções são poderosas para curá-los.

> Eu chego lá e tia Divina benze. Espinhela caída, quando assusta, de cobreiro. Quando eu tô doente eu tomo chá, médico aqui no Matição só se tiver morrendo mesmo. Porque o povo acredita que reza cura, chá cura e eu também acredito *(Enan, 11 anos).*
>
> Eu acredito na benzeção[62] e sempre vou na vó Divina *(Kênia, 13 anos).*
>
> Eu fui benzida de cobreiro, umas bolotas que dá no corpo *(Dandara, 12 anos)*
>
> Eu fiquei aguada, porque separei da minha mãe tive que benzer, tia Divina que benzeu *(Kênia, 8 anos).*
>
> O mau-olhado, porque a gente fica com dor de cabeça e enjoada e o olho enche d'água *(Dandara, 12 anos).*
>
> Ah! O cobreiro a gente fica andando no mato e aí passa aranha, lagartixa, sapo... *(Keezy, 7 anos).*
>
> O mau-olhado é quando uma pessoa ruim olha pra gente, a gente fica caindo à toa, abrindo boca toda hora, fica triste... *(Ayana, 10 anos).*
>
> Espinhela caída é quando uma pessoa te assusta *(Ayana, 10 anos).*

[62] Benzeção "é uma linguagem oro-gestual com a qual algumas pessoas – detentoras de poder especial – controlam as forças que contrariam a vida harmoniosa do homem. Benzer é garantir o funcionamento da normalidade desejada e conter o mal. A benzeção é uma fala ao inconsciente coletivo, de onde se retira a doença e onde se coloca, pela palavra, a saúde, restaurando-se o equilíbrio [...]. As benzeções geralmente se destinam a tipos especiais de doenças cujo ciclo tem uma duração específica como as dermatológicas (fogo selvagem erisipela, sapinho, cobreiro), processos inflamatórios (unheiro, terçol, bicheira, coqueluche, peito arruinado, dor de dente) [...]. Além dessas, há distúrbios que não se classificam clinicamente, como espinhela caída, ventre virado, quebrante, mau-olhado, doença do ar." (GOMES; PEREIRA, 1989, p. 22).

> Eu já fiquei aguada, atrás do pescoço afunda. Fiquei aguada porque eu saí com vovó e eu queria salgadinho e biscoito e eu pedi vovó e ela não me deu *(Keezy, 7 anos)*

As benzeções são comuns no Brasil e têm sua prática mantida principalmente no meio rural. No caso das explicações fornecidas pelas crianças a respeito de cada mal e o seu causador, elas podem ser confirmadas pela pesquisa realizada por Gomes e Pereira (1989) em 185 localidades de Minas Gerais que mantêm a prática da benzeção. A espinhela caída, por exemplo, de fato é provocada pelo susto e atinge principalmente as crianças pequenas; o cobreiro deixa a pele irritada com crostas e manchas e é causado pelo contato da roupa com animais peçonhentos; e o mau-olhado ou quebrante é causado pelo olho ruim, "olho de secar pimenteira", no dito popular, e deixa a criança prostrada, como nesse depoimento colhido pelos autores:

> O quebrante é quando cai em menino pequeno. Faz adoecê e é perigoso demais. Só a benzeção pode dá jeito. É o mesmo olho ruim que põe. E quebra o menino, que fica com os olho morteiro, bambo, frouxinho. Agora quando a pessoa já tá formada, já é adulta, pega é mau-olhado. Fica de azá, nada que faz dá certo, fica brigado com os outro, sentino umas coisas esquisita. As vezes dá dor de barriga, vômito, enjoo. Uma coisa ruim, por dentro e por fora. Num dá pra segui, tudo amarrado. Tem que benzê. Senão, nem sei... (depoimento de Vazante, in: GOMES; PEREIRA, 1989, p. 92).

O aprendizado sobre os males que são curados pelas benzeções se deram a partir da inserção das crianças na vida da Comunidade: desde que nascem elas são levadas por seus pais para benzer e continuam essa prática ao longo da vida, ouvem dos mais velhos o significado de cada mal e os seus causadores.

Assim, elas mesmas vão identificando os sintomas e as causas dos males que as afligem.

As crianças aprendem com Dona Divina, que é uma "conhecedora" dos mistérios sobre os males e as curas. Apesar de existirem outras pessoas que benzem dentro e fora da Comunidade, ela é a referência. A matriarca domina os saberes das benzeções, curas e orações para os males do corpo e da alma. Também conhece as principais rezas, orações e ladainhas (cantadas em latim) praticadas nos cultos e nas celebrações, além de ser conhecedora e praticante do Candombe. É referência para toda a Comunidade, incluindo as crianças, sobre as tradições e a cultura do lugar, sendo respeitada e reverenciada dentro e fora dali. Esse aprendizado com os mais velhos é representativo do universo das crianças de Mato do Tição, que reconhecem esse lugar de sabedoria e conhecimento de seus anciãos. Nos dizeres de A. Hampâté Bâ, as crianças "mantêm-se a escuta" dos mais velhos para conhecer e praticar os seus aprendizados. Aprendizados que se dão por meio da oralidade, "de boca perfumada a ouvidos dóceis e limpos", as crianças aprendem sobre males, curas e benzeções, porque, além de estarem imersas em sua cultura, elas demonstram receptividade prestando atenção ao que dizem os mais velhos.

Dona Divina tem o ofício da palavra, palavras sagradas que se materializam pela força que têm, "se a fala é força, é porque ela cria uma ligação de vaivém (*ya-warta*, em fulfude) que gera movimento e ritmo, e, portanto, vida e ação" (HAMPÂTÉ BÂ, 2010, p. 172). Todo o processo de cura é falado por ela, cantado, rezado. Falas embaladas por gestos e entrecortadas por silêncios. Saberes colocados em movimento pela oralidade tão presente na cultura de Mato do Tição. Oralidade e *oralitura*, nos dizeres de Martins (2001, p. 84), compreendem um conjunto de aspectos que completam a fala, o canto, o entoar de ladainhas:

> O termo oralitura, da forma como o apresento, não nos remete univocamente ao repertório de formas e procedimentos culturais da tradição linguística, mas especifi-

> camente ao que em sua performance indica a presença de um traço cultural estilístico, mnemônico, significante e constitutivo, inscrito na grafia do corpo em movimento e na vocalidade. Como estilete esse traço inscreve saberes, valores, conceitos, visões de mundo e estilos. A oralitura é do âmbito da performance; sua âncora, uma grafia, uma linguagem seja ela desenhada na letra performática da palavra ou nos volejos do corpo. Numa das línguas banto, da mesma raiz verbal (tanga), derivam os verbos escrever e dançar, o que nos ajuda a pensar que, afinal, é possível que não existam culturas ágrafas. Nem todas (*sic*) sociedades confiam seus saberes apenas em (*sic*) livros, arquivos, museus e bibliotecas, mas resguardam, nutrem e veiculam seus repertórios em outros ambientes de memória, suas práticas performáticas.

Dona Divina, portanto, é mestre das *oralituras* sagradas de Mato do Tição. Os saberes por ela entoados encontram na disposição das crianças o reconhecimento da matriarca como uma pessoa importante para a comunidade e com quem podem e devem aprender muitas coisas.

"Todo mundo ajuda a olhar": os cuidados coletivos com as crianças

> Todos estavam tocando algum instrumento. Ayana e Kele disseram que hoje tinha pouca gente na oficina. Seu João apareceu com chapéu e embornal e disse que não tinha ninguém para olhar Lígia. A menina é sua neta e tem uma irmã de sete anos e um irmão de 11 anos, a mãe das crianças morreu recentemente e seus avós ficaram com elas. Quando Seu João disse que não tinha ninguém para olhar Lígia (2 anos), Carolina pegou a menina no colo. Durante a realização da oficina de capoeira, todos ajudaram a olhar a menina, seu irmão e também outras primas que revezavam carregando a pequena ou brincando com a mesma *(Caderno de campo, 6 jun. 2013)*.

A descrição acima, fruto da observação de uma cena durante a realização da oficina de capoeira com as crianças, ilustra, de forma significativa, a prática de cuidado com as crianças, principalmente com as pequenas. Carolina, que acolheu a criança primeiro, é prima da menina, uma jovem casada que já tem filho.

A movimentação em torno dos cuidados com as crianças na Comunidade é intensa. Geralmente, quando as mães, avós ou tias precisam se ausentar, é mobilizado um grupo de pessoas para ficar com a criança até que ao responsável seja possível. Essas situações são corriqueiras e intensificadas por ocasião de algum evento, como festas e reuniões. Nessas ocasiões, tanto as mulheres adultas como as crianças tomam conta dos pequenos durante praticamente o dia todo.

Os adultos e jovens também educam as crianças com idades variadas. Frequentemente, presenciei situações em que um adulto primo, tio, padrinho ou madrinha orientava as crianças sobre uma atitude, comportamento ou situação. Também era comum "chamar a atenção" de uma criança quando ela estava fazendo algo que desagradava os mais velhos ou os incomodava. Em uma ocasião, presenciei Dona Firmina (57 anos) chamando a atenção de Kele (8 anos), sua prima em terceiro grau, que estava pegando manga verde para comer. Em outra ocasião, a mãe de Kele pedia a Dona Firmina conselhos para educar a filha, que estava muito preguiçosa e gostava de ficar andando de casa em casa e não a ajudava como deveria.

Outra forma de preocupação com as crianças é expressa nos discursos sobre "os perigos" que elas correm. Por ocasião de um aniversário de uma das crianças na casa de seus avós, no qual quase toda a Comunidade estava presente, o Seu Adonias, avô da aniversariante, ao discursar em homenagem à neta, expressou suas preocupações quanto aos perigos que a menina corria ao se envolver precocemente com algum suposto namorado. Também nesse mesmo dia, uma senhora, prima da menina, ao fazer uma oração, pediu para que as crianças e os jovens ficassem livres dos perigos que vinham "da rua", como as drogas, a violência, o envolvimento com coisas erradas etc.

Essas preocupações mostram o quanto a Comunidade, que hoje não se encontra mais isolada geográfica e socialmente, está exposta e vulnerável aos conflitos vivenciados por crianças e jovens de qualquer localidade. Portanto, os cuidados extrapolam aqueles de ordem primária, como a alimentação, o vestuário, a higiene e a saúde. Assim, tomam uma dimensão mais ampla e que carece da atenção de todos. A Comunidade, por sua vez, se empenha em orientar as crianças quanto à necessidade de manterem-se coerentes com os valores que lhes são transmitidos na família. Família que não se resume a pai e mãe, uma vez que estão ligadas por meio de laços a um extenso parentesco composto de primos em diversos graus, tios, avós, irmãos, cunhados, padrinhos e madrinhas.

Crianças cuidando de crianças

Frequentemente, foram observadas crianças cuidando de crianças. Casos que podem acontecer esporadicamente, mas, em algumas situações, essa prática compõe as suas rotinas. Geralmente eram as meninas, irmãs ou primas, que cuidavam dos pequenos, mas houve situações em que os meninos também cuidavam de suas irmãs pequenas.

A menina Kênia (13 anos) cuidava de sua irmã Laila (2 anos) praticamente durante todo o dia nos finais de semana, dando banho, comida, colocando para dormir, levando na casa da avó, acompanhando durante as oficinas e também em alguma festa. Nesse caso, Kênia agia como uma segunda mãe, educando sua irmã.

O menino Enan também constantemente cuidava de sua irmã Lígia. Ao longo do passeio que realizamos, a menina foi levada pelo irmão, que a carregava em diversas situações em que ela começava a chorar. Nesse dia, várias crianças ajudaram a olhar Lígia, mas a responsabilidade maior estava a cargo de Enan, seu irmão mais velho.

Nesses dois exemplos e em várias outras situações observadas, não presenciei nenhum momento de impaciência por parte das crianças cuidadoras, vou chamá-las assim. Pelo contrário, demonstravam muita amorosidade no cuidado com os irmãos ou primos. Os momentos de "braveza" aconteciam quando cometiam alguma desobediência ou quando faziam algum tipo de pirraça. Mas, normalmente, o ato de cuidar dos pequenos era algo natural e estava incorporado às suas rotinas. No caso específico de Kênia, ela tinha essa tarefa dos cuidados com a irmã porque sua mãe estava com um problema crônico de saúde que a impedia de realizar vários trabalhos. Mesmo nos dias úteis, Kênia conciliava a escola com os cuidados com a irmã e com a casa.

Essa prática é comum em diversas culturas. Gomes, Silva e Pereira (2013) chamam a atenção para a participação das crianças xacriabá[63] na vida social da comunidade, destacando seus processos de interação com os adultos e também com outras crianças. Utilizam do conceito de corresponsabilidade para definir a forma marcante de inserção das crianças em seu próprio processo de socialização. A corresponsabilidade é observada

> quando a criança participa na posição de ser guiado por quem é mais velho e mais experiente, assim quando [*sic*] tem que responder pela condução de quem é menor e menos experiente (GOMES; SILVA; PEREIRA, 2013, p. 11).

A inserção das crianças em seu mundo social e as formas de aprendizagens que lhes são oportunizadas requer a construção de processos de identidade e de identificação. Nesse sentido, o desejo de fazer parte é um potente impulsionador de aprendizagens. No caso das crianças que cuidam de crianças, a naturalidade com que lidam com essa "obrigação" é o reflexo dessa dinâmica em que os maiores conduzem os menores. A criança maior ainda encontra-se na fase de aprender com alguém mais velho. Para Gomes, Silva

[63] Grupo indígena do norte de Minas Gerais.

e Pereira (2013, p. 11), "existe uma contemporaneidade da posição de mestre e aprendiz que é continuamente atualizada nas diferentes práticas compartilhadas." Gomes (2008, p. 86) considera que crianças educadas em um contexto em que cuidam de outras crianças desde cedo irão "demonstrar o sentido de cuidado e responsabilização para com os menores, assim como se apoiam na ação e presença dos maiores para realizar o que desejam".

Em diversas culturas africanas foi observado um correlato da corresponsabilidade: a noção de reciprocidade, inerente à filosofia de que o comunitário se sobrepõe ao individual. Os objetivos comuns estão acima dos do indivíduo, a comunidade tem um valor maior. Para Gyekye (2004), existem pontos de interação mútua entre a pessoa e a comunidade na qual está inserida, sendo que o *ethos* da cultura africana comunitária está presente em várias práticas e em diversos povos.

Cuche (1999, p. 92), citando a pesquisa realizada por Jacqueline Rabain (1979) entre os povos wolof (Senegal) a respeito da educação das crianças, destaca também o caráter comunitário sobreposto ao individual presente nessa cultura:

> A pedagogia wolof é essencialmente uma pedagogia da comunicação. A aprendizagem do uso social da palavra é muito codificada e é ao mesmo tempo a aprendizagem de uma gramática das relações sócias. Definitivamente, as aquisições sociais são mais importantes que a realização "pessoal" da criança e que as aquisições técnicas, cuja aprendizagem não é sistematizada.

Também Medaets (2011), ao tratar das aprendizagens entre crianças ribeirinhas do Baixo Tapajós no Amazonas, referese a Rabain (1979) e seus estudos sobre os wolof, destacando o caráter da doação presente nessa cultura que guia a ação dos adultos e das crianças que estabelecem relações com seus pares mediadas pelo valor da doação.

> O sistema educativo wolof visa menos impor uma lei do adulto à criança, que criar condições para tomada de consciência e o respeito à "lei dos irmãos", dos "iguais". Desde a mais tenra idade, e por meios muitíssimo sutis, é sempre sugerida à criança que o "outro" é antes de tudo o "irmão", o companheiro de idade [...]. Todos em seu entorno induzem na criança os gestos de doação e de partilha [...], e as trocas laterais [entre pares] que se afirmam assim graças à mediação longamente privilegiada da doação e da oferta, se desenvolvem em detrimento das trocas verticais [adulto-criança] que lhe antecedem (RABAIN, 1979, p. 77, *apud* MEDAETS, 2011, p. 6).

Para Coetzee (2004), a boa vida para o indivíduo akan[64] coincide com o bem da comunidade. Existe uma comunidade de reciprocidade na qual cada membro está em relação dialógica com outros membros, ou seja, uma relação que exige o reconhecimento de obrigações e noções recíprocas. Nesse sentido, em uma comunidade de reciprocidade, os membros reconhecem o fato de que uma vez que os projetos pessoais que perseguem e que dão sentido às suas vidas são projetos disponibilizados por uma estrutura cultural que lhes dão sustentação, é um dever da pessoa ajudar a sustentar essa estrutura. Quando se compreende que sustentar as práticas de reciprocidade significa preservar um contexto cultural, que é uma espécie de pré-requisito para uma vida significativa na comunidade, a "obrigação" estará, então, incorporada.

A prática de crianças cuidarem de crianças existente em Mato do Tição possivelmente pode dialogar com a noção de reciprocidade presente entre o povo akan. Isso se deve ao fato de que essa prática já está incorporada como um elemento importante para a manutenção da vida de sua família e comunidade. As crianças não expressam desconforto com a obrigação de

[64] Grupo étnico-linguístico da África Ocidental que inclui os ashanti, presentes nos territórios de Gana e Costa do Marfim.

cuidarem de irmãos e primos pequenos. É uma prática que está arraigada na comunidade de Mato do Tição e tem muita importância para o grupo. As memórias de Acotirene sobre sua infância revelou o quanto a prática existe há mais tempo na Comunidade.

> Eu brincava olhando os meninos. Porque geralmente os mais velhos olhavam os mais novos. Eu ficava brincando com eles e olhando. Eu brincava de casinha, debaixo da árvore, cobria com um plástico velho. Brincava com bola do mato, uma árvore que dá umas bolas. Eu ficava olhando enquanto eles brincavam de carrinho de manivela que a gente fazia. Eu ficava olhando pra eles não briga. Desde os cinco anos eu já olhava, o Tim chorava muito e eu fui olhando o menino até os 12, 13 e 14 anos *(Acotirene, 35 anos).*

Lancy e Grove (2010) analisam os processos de crianças aprendendo com crianças e apresentam um interessante aspecto do povo afikpo (África) em que as crianças desempenham um papel chave no cuidado dos recém-nascidos:

> Quando o bebê nasce, depois de ser lavado, é doado para uma criança pequena para ser carregado até a casa onde a mãe passará os próximos dias e quase ao mesmo tempo ela será em parte olhada pela criança pequena. Eu vi uma garotinha de cinco ou seis anos carregando um recém-nascido sobre seus ombros dando-lhe água para beber (LAVE; GROVE, 2010, p. 183, tradução minha).

De acordo com as autoras, o cuidado com irmãos é quase universal. As crianças têm oportunidade de interagir com seus pares em diferentes graus ao redor do mundo. Enquanto interagem umas com as outras, as crianças aprendem habilidades úteis em situações de brincadeira, tarefas domésticas e outros tipos de trabalho. Para Lave e Grove, os irmãos mais velhos gostam de tomar conta dos irmãos mais novos porque podem brincar com eles enquanto exercem o seu papel de cuidadores. As autoras também analisaram essa prática entre os maias no México:

> Entre os maias, os irmãos que tomam conta de irmãos, eles ensinam para seus irmãos mais novos todo tipo de coisas, tais como tomar conta de bonecas, fazer comida e bebida de mentira ou brincar de lojinha. Os irmãos mais velhos são aptos a decidir o que eles ensinam para os mais novos, como e o que aprendem durante o tempo em que estão juntos (LAVE; GROVE, 2010, p. 184, tradução minha).

O depoimento de Acotirene, mãe de Kênia, confirma a circulação de uma prática cultural que é passada de geração em geração dentro da Comunidade. As crianças pequenas têm nas maiores seus modelos de observação, e mesmo que a princípio não exista um ensino explícito, as maiores ensinam às menores, que têm, nas mais velhas, uma espécie de espelho no qual buscarão traçar, a partir de suas próprias particularidades e capacidades, formas de cuidar de si e de lidar com o mundo que as cercam.

CONSIDERAÇÕES FINAIS

Realizar pesquisa em um quilombo foi algo que desejei desde a graduação. Naquela época, recém-graduada em licenciatura em História, iniciei o bacharelado e apresentei como projeto de pesquisa a reconstrução histórica da então "comunidade negra" de Sapé, em Brumadinho. Fui instigada por um trabalho que desenvolvi nessa comunidade com um pequeno grupo de militantes do GRUCON (Grupo de União e Consciência Negra) e um padre, que desenvolveu discussões em torno da identidade negra, do movimento negro e da organização política da comunidade de Sapé.

No bacharelado, esbarrei, naquele ano de 1989, em inúmeras dificuldades, como a ausência de orientadores dentro da temática no curso de História da UFMG. Após uma longa negociação, um professor do curso de Ciências Sociais aceitou me orientar. No entanto, diante da exigência de que realizasse a reconstrução da história do lugar quase que exclusivamente por meio de possíveis documentos escritos, assim fui me desencantando da pesquisa. As buscas que realizei em arquivos na capital mineira e na paróquia da comunidade me colocaram diante da escassez de registros escritos sobre Sapé. Minha intenção sempre fora utilizar da história oral por meio da coleta de depoimentos de moradores, mas essa possibilidade era postergada pelo orientador. Em resumo, acabei por não dar continuidade à pesquisa que inicialmente tinha em mente, e interrompi o projeto.

As contingências da vida e minhas posteriores trajetórias, tanto acadêmica quanto militante e profissional, me lançaram sobre investigações no campo das relações raciais e da Educação. Meus aprendizados foram intensos nesse campo e, nessa jornada, me deparei com contínuas e insistentes persistências dos processos de discriminação racial intra e extraescolares e com uma quase crônica abstenção de muitas instituições de ensino, ao não contemplarem em suas práticas curriculares a história e a cultura africana e afro-brasileira, bem como o dever ético de combater o racismo no interior das escolas.

Nesse processo, o que mais me causou incômodo foi a perceptível negação dos saberes das crianças e adolescentes. O fato de esses saberes estarem associados aos seus modos de vida, à sua cultura, à história de seu grupo social e étnico-racial, a seus vínculos familiares, à sua religiosidade, não deveria ser ignorado.

A escola[65], apesar dos avanços, continuava – e ainda continua – a valorizar os conhecimentos ditos canônicos e eurocêntricos. Pouco avançamos na concretização de pedagogias que contemplem a mudança de paradigma exigida pelo trabalho com a diversidade étnico-racial no Brasil.

Diante disso, retomei o meu antigo projeto de pesquisar uma comunidade quilombola. No entanto, agora não mais sob a perspectiva histórica, mas buscando trazer à tona os conhecimentos presentes nessas comunidades, em especial aprendidos e reelaborados pelos meninos e meninas que nelas vivem. O Quilombo Mato do Tição, assim, representou um encontro com o meu passado de buscas por uma maior compreensão da história de resistência negra nos quilombos.

---

[65] As críticas aqui tecidas se referem ao sistema educacional brasileiro, pois, passados mais de 10 anos de sua promulgação, a Lei 10.639/03 ainda não foi efetivada de fato na educação básica. Estudantes de norte a sul do país, para terem acesso aos conhecimentos instituídos pela referida lei, precisam contar com a boa vontade dos profissionais da Educação que, nesse contexto, assumem como tarefa levar esses conhecimentos para as escolas em que trabalham. Infelizmente, essa não é uma prática incorporada à rotina das instituições de ensino, não tendo se tornado, de fato, uma política pública na qual estados e municípios precisam empreender esforços significativos em formação de gestores e demais profissionais da Educação para um efetivo cumprimento da Lei 10.639/03.

Ali, pude penetrar em uma dinâmica social que aquelas pessoas conseguiram manter suas tradições, seja por meio dos laços com uma ancestralidade africana, seja por meio de uma história marcada por luta, resistência e empenho em afirmar uma identidade negra aos seus modos, ao modo "Mato do Tição de ser". Esse modo de ser, por sua vez, mostrou-se fortemente marcado pela religiosidade reelaborada e ressignificada na perspectiva de um catolicismo afro-mineiro que, talvez, o conceito popular de catolicismo não contemple.

O catolicismo ali praticado se entrecruza com as formas de estabelecer laços com o sagrado que remetem ao culto aos antepassados, comum à tradição africana e afro-brasileira. Ele também imprime às festas católicas e ao culto aos santos uma identidade marcada pela resistência à escravidão e pela valorização da pessoa negra como merecedora de respeito. Não sem razão é que, em uma das histórias que ali contam, a Nossa Senhora é questionada por desmerecer um dos três reis magos, o que carregava o ouro para Jesus Cristo – o negro.

Mais do que sincrética, a religiosidade ali praticada é de resistência e dialoga com as matrizes indígenas, europeias e africanas – não sem a presença, claro, de conflitos e reelaborações. Há cruzamentos de culturas e saberes que, nos dizeres de Leda Maria Martins (1997; 2001), caracterizam um "lugar de encruzilhadas no qual existe um trânsito sistêmico de saberes que dialoga com outros sistemas simbólicos." Por meio do Candombe, temos esse diálogo, no qual os antepassados distantes e próximos são rememorados e os santos católicos, principalmente os santos pretos, são homenageados.

Enquanto mulher negra e militante do movimento negro, naquele pequeno Quilombo eu me senti em casa. Foi assim que pude estabelecer interações significativas com as crianças, interações que me descortinaram um universo rico e dinâmico dos modos de ser criança quilombola em Mato do Tição. Mesmo com toda a minha experiência como educadora, convivendo e interagindo com crianças há tanto tempo, fui surpreendida pela dinamicidade dos modos de ser criança ali encontrados. Modos que se apresentaram com tamanha diversidade e intensidade que me deparei com o desafio de pensar metodologias que dessem conta de capturar, pelo menos parcialmente, o amplo conjunto de experiências daqueles múltiplos universos. O desafiador movimento de construções metodológicas para a consecução da pesquisa proporcionou um rico processo de interação com as crianças, trazendo elementos completamente novos que emergiram de minha efetiva e afetiva relação com um grupo de meninas e meninos de Mato do Tição. Um panorama rico de saberes e vivências foi aos poucos se delineando, demonstrando quão complexa é a tarefa de realizar pesquisas com crianças.

Diante disso, lancei mão de vários recursos metodológicos que me permitiram superar um dos principais desafios na realização da pesquisa: Como pesquisar crianças deixando que suas vozes venham à tona e respeitando suas singularidades? Observação participante, passeio pelo Quilombo, abecedário, conversas direcionadas, desenhos, entrevistas e conversas informais me permitiram conhecer a potência das crianças no que tange às suas vivências e experiências num contexto rico de aprendizagens correspondentes aos elementos necessários à construção de uma identidade positiva, dos valores comunitários e familiares, das heranças deixadas pelos antepassados, da história de luta e resistência, das estratégias de enfrentamento do preconceito e da discriminação, da reciprocidade no comer, no trabalhar e no cuidar dos outros. Com tudo isso, obtive e estive diante de uma gama de saberes e formas de ensinar e aprender que poderão subsidiar metodologias e, quem sabe, pedagogias quilombolas que esperamos, num futuro próximo, possam invadir nossas escolas.

Ao finalizar este livro, não poderia deixar de chamar a atenção para uma questão crucial que emergiu da pesquisa: as marcas deixadas pelo processo de escravização quanto ao trabalho exaustivo que permeou a história de vida da maioria dos moradores do Quilombo. Heranças da escravidão consubstanciadas na forma de expropriação do tempo, do trabalho mal remunerado, do trabalho degradante na lida diária como garantia de uma sobrevivência mínima em um período em que praticamente tudo que se consumia era produzido internamente no Quilombo. Tanto a história inventada pela menina Keezy quanto os relatos de D. Maria e D. Bina apontam para formas de trabalho nas quais as pessoas foram expostas desde crianças, configurando uma marca comum à vida da população negra na diáspora, que teve como sua primeira forma de inserção no "Novo mundo" o trabalho compulsório. Trabalho este que forjou os primeiros laços de pertencimento dos africanos em terras brasileiras e que após a abolição da escravidão permaneceu como parte constituinte do ser negro no Brasil.

O africano povoou o Brasil e o fez na condição de escravizado. A "preguiça" e a insubordinação no trabalho eram retaliadas com severos castigos, a disciplina foi adquirida através de formas mais aviltantes de negação do ser humano. Não queremos com isso desconsiderar as outras formas "não violentas" de coerção dos escravizados que foram sendo tecidas ao longo da escravidão. Não violentas do ponto de vista corporal, mas violentas do ponto de vista da segregação dos espaços e contínuos processos de inferiorização do africano reduzido à categoria de negro, reforçando um quadro de dominação e subordinação que não esteve imune a múltiplos conflitos e estratégias de resistência; mas que consolidou o regime escravista moderno.

Os relatos dos mais velhos sobre a intensidade do trabalho em suas vidas deixam à mostra as marcas da ideologia escravista. Tal realidade me provocou algumas indagações: Como as políticas públicas destinadas aos quilombos poderão promover formas de inserção dos quilombolas no mundo do trabalho que superem os históricos processos de exploração e expropriação da mão de obra da população negra? É possível efetivar atividades produtivas nas comunidades quilombolas que respeitem suas tradições e suas realidades? Como garantir programas de combate ao trabalho infantil que não desconsiderem as particularidades em torno da participação das crianças nas atividades domésticas e de auxílio à economia produtiva de suas comunidades?

Questões como essas se avolumaram ao término desta escrita associando-se a tantas outras referentes à necessidade de realização de um diagnóstico sobre a realidade dos milhares de comunidades quilombolas espalhadas pelo país. Dentro desse diagnóstico, seria necessário considerar as crianças invisibilizadas nas políticas públicas de forma geral. E como visto nesta pesquisa, essas crianças têm muito a nos dizer, inclusive e especialmente no que tange ao seu próprio bem viver e de sua comunidade.

GLOSSÁRIO

Rute: A partir da 3ª geração, passo a utilizar pseudônimos. No caso das outras gerações, mantive os nomes originais, pois tanto os nomes dos fundadores quanto os dos patriarcas e matriarcas vivos já se tornaram públicos e constam em publicações.

Guaiá: Um dos instrumentos utilizados no Candombe, semelhante a um chocalho.

Tesão: Essa palavra foi escrita por uma menina de 11 anos que, em conversa posterior, não soube explicar o seu significado.

Valoridade: Mantivemos aqui a forma como foi escrita pela criança; "valoridade" aqui se refere a valor.

Brincadeiras com bola: diferentemente de futebol e queimada, são brincadeiras variadas, às vezes inventadas no momento – rebater, jogar para um colega de roda etc.

Ouvir Rádio: Conforme nos conta Dona Bina, quando eram crianças e saíam para trabalhar na roça, à noite, iam para a casa de um fazendeiro que criara sua mãe para ouvir músicas no rádio.

Casamento secreto: "[...] o *casamento secreto* era uma brincadeira que ficava um monte de menina de um lado e os menino de outro, todo mundo de costas. Aí alguém perguntava se a menina queria casar com fulano e ia falando como ele era. A menina dizia sim ou não. Quando falava sim ela tava casano com ele e saíam de mão dada passeando" *(Dona Firmina, 57 anos).*

Pisão: é uma brincadeira nova para as crianças: "Primeiro o pisão, aqui, foi uma pessoa que tinha inventado, eu acho, essa brincadeira e aprendeu com os outro aí e foi espalhando pra Jabó e tem pessoa que não sabe até hoje. Brincam dez, quatro, uma só não dá não. Aí vai lá, faz uma roda quem pisar no pé sai, vai tentando pisar no pé de alguém a pessoa tem que tirar o pé, quem foi pisada tem que sair. Depois que todo mundo tiver pisado no pé e a pessoa que ninguém pisou no pé, a pessoa ganha" *(Keezy, 7 anos).*

Caiu no poço: é semelhante à brincadeira *Pera, uva, maçã, salada mista*: "'Caí no poço! Quem me tira? Meu bem. O que você quer dele? Um beijo, um abraço ou um aperto de mão', a menina ou menino estão com os olhos vendados e não sabem de quem estão falando, mas a colega que tá tapando os olhos dá uma apertadinha quando era alguém que a gente gostava" *(Acotirene, 35 anos).*

Chicotinho queimado: uma criança esconde um objeto e as outras devem procurá-lo; enquanto procuram, a criança que escondeu vai dizendo se está "frio", "morno" ou "quente" (longe, perto ou bem perto), de acordo com a proximidade em que estão do objeto.

Malhação: Novela/série juvenil exibida na Rede Globo desde 1995

Carrossel: Novela infantil, repetida e remontada diversas vezes pelo canal de TV SBT, tem sua última versão datada de 2013. No quarto da menina Ayana (10 anos), havia uma foto de revista do personagem Cirilo, o menino negro da novela que era hostilizado pelos colegas e humilhado pela menina branca de quem ele gostava.

BIBLIOGRAFIA

ABRAMOWICZ, Anete, OLIVEIRA, Fabiana. A escola e a construção da identidade na diversidade. In: ABRAMOWICZ, Anete, BARBOSA, Lúcia M. A., SILVÉRIO, V.R. *Educação como Prática da diferença*. Campinas: 2006.

ABRAMOWICZ, A., OLIVEIRA, F., RODRIGUES, T. *A criança negra, uma criança e negra*. In. ABRAMOWICZ e GOMES, Nilma Lino (Orgs.). Educação e raça, perspectivas política, pedagógicas e estéticas. Belo Horizonte, Autêntica, 2010. P.75-96. ABREU, G. e LIMA, J. M. M. *A contribuição do conceito de lugar para a produção de textos didáticos*. In: PINHEIRO, A. (Org.). Paisagens Educacionais: saberes, experiências e práticas educativas. Teresinha: Colégio Diocesano, 2007, p. 73-84.

ALMEIDA, Alfredo W. B. Quilombos: Repertório Bibliográfico de uma Questão Redefinida (1995-1997). BIB, Rio de Janeiro, n. 45, 1º semestre de 1998, p. 51-70.

ALVES, Aline. *Territórios Quilombolas e Escola: Percepções do lugar a partir do uso de mapas mentais*. Monografia apresentada no Instituto de Geociências da UFMG, Belo Horizonte, 2012.

ALTMAN, Raquel Z. Brincando na história. In: DEL PRIORE, Mary. História das Crianças no Brasil. São Paulo: Contexto 2008, p.231-258.

ARIÈS, Philippe. *História social da criança e da família*. 2ª. Ed. Rio de Janeiro: Zahar, 1981.

AMARAL, Assunção José Pureza. *Etnologia, educação e ambiente nos quilombos da Amazônia*. In: OLIVEIRA, I. SILVA, Petronilha, PINTO, Regina P. *Negro e Educação* 3. São Paulo: INEP, 2005.

ANGROSINO, Michel. *Etnografia e observação participante*. Porto Alegre: Artmed, 2009.

ARRUTI, José Maurício P. A. *O quilombo conceitual. Para uma sociologia do "artigo 68". Texto para discussão do projeto Egbé*. Territórios Negros (Koinomia), 2003.

ASHLEY, E. e TOVOTE, K. *Learning from Other Childrem*. In: LANCY, David, BOCK, J. e GASKINS, S. The Antropology of Learning in Childhood. Lanham: Altamira Press, 2010, p. 181- 206.

BENJAMIM, Walter. *A Criança, o Brinquedo, a Educação*. São Paulo: Sumus, 1984.

BRASIL. *Minas de Quilombos (Texto para reflexão com o/a professor/a)*. Secretaria de Educação Continuada, Alfabetização e Diversidade do Ministério da Educação. Brasília, 2008.

BRASIL. *Plano Nacional de Prevenção e Erradicação do Trabalho Infantil e Proteção ao Trabalhador Adolescente*. Brasília/DF: Ministério do Trabalho, 2004.

BRANDÃO, Carlos Rodrigues. *A Educação como Cultura*. Campinas: Mercado das Letras, 2002.

BUSS-SIMÃO. Márcia. *Antropologia da Criança: uma Revisão da Literatura de um Campo Em Construção*. Disponível em *Revista Teias*, v. 10 n. 20, 2009. www.periódicos.propede.pro.br . Acesso em 08/09/2010.

CAPUTO, Stela G. *Educação nos Terreiros e como a escola se relaciona com crianças de candomblé*. Rio de Janeiro: Pallas, 2012.

CAVALLEIRO, Eliane. *Do silêncio do lar, ao silêncio escolar*. São Paulo: Contexto: 2000.

CENTRO DE DOCUMENTAÇÃO ELOY FERREIRA DA SILVA – CEDEFES. *Comunidades Quilombolas de Minas Gerais no Séc. XXI*. Belo Horizonte: Autêntica, 2008.

CHAUI, Marilena. *Convite à Filosofia*. São Paulo, Ática, 2005.

CHISTÊ, Tânia M. "*Aqui é minha raiz": o processo de constituição identitária da criança negra na Comunidade Quilombola de Araçatiba*. Dissertação apresentada ao Programa de Pós-Graduação da Universidade Federal do Espírito Santo, 2012.

COHN, Clarice. *A Criança Indígena: Concepção Xikrin de Infância e Aprendizado*. Dissertação de Mestrado - Programa de Pós-Graduação do Departamento de Antropologia da Universidade de São Paulo, 2000.

_______. *Antropologia da Criança*. Rio de Janeiro: Jorge Zahar, 2005. CORSARO, William A. *A reprodução interpretativa no brincar ao "fazer de conta" das crianças*. Educação, Sociedade e Cultura. São Paulo: 2002, n.17 p. 113-134.

_______. *Entrada em campo, aceitação, e natureza da participação nos estudos etnográficos com crianças pequenas*. In: Educ. Soc. Campinas: CEDES, Maio/Ago/2005, p. 443-464.

_______. *Sociologia da Infância*. Porto Alegre: Artmede, 2011. CUCHE Denys. *A noção de culturas nas ciências sociais*. Bauru: EDUSC, 1999.

D'ADESKY, Jacques. *Racismos e Anti-Racismos no Brasil*. Rio de Janeiro: Pallas, 2001.

DIAS, Lucimar Rosa. *Diversidade Étnico-racial e Educação Infantil: Três escolas. Uma Questão. Muitas Respostas*. Dissertação de Mestrado apresentada ao Programa de Pós-Graduação em Educação da Universidade federal do Mato Grosso do Sul, 1997.

DRUMOND, GIOVANETTI, GUIMARÃES. *Técnicas e Ferramentas Participativas para Gestão de Unidades de Conservação*. Brasília: ARPA/MMA, 2009.

ERNY, Pierre. Etnologia da Educação. Rio de Janeiro: Zahar, 1982.

FAZZI, Rita de Cássia. O drama racial de crianças brasileiras: socialização entre pares e preconceito. Belo Horizonte: Autêntica, 2004.

FERREIRA, Cristina S. *Trocar saberes e repensar a escola nas comunidades negras do Ausente, Baú e Quartel do Indaiá*. In: BRASIL. Dimensões da inclusão no Ensino Médio: mercado de trabalho, religiosidade e educação quilombola. Brasília – DF: Ministério da Educação, Secretaria de Educação Continuada, Alfabetização e Diversidade, 2006, p. 327-342.

FONSECA, Marcus Vinícius. *As primeiras práticas educacionais com características modernas em relação aos negros no Brasil.* In: SILVA, P. e PINTO. R. P. Negro e Educação. São Paulo: ANPED e Ação Educativa: 2000, p.11-36.

FUNDAÇÃO CULTURAL PALMARES. Comunidades Quilombolas – direito à Terra. Brasília: Ministério da cultura, 2002.

GASKINS, Suzane e PARADISE, Ruth. *Learning through Observation in Daily Life.* In: LANCY, David, BOCK, J. e GASKINS, S. The Antropology of Learning in Childhood. Lanham: Altamira Press, 2010, p. 85-118.

GIACOMINI, Sonia M. *Mulher e Escrava- Uma introdução histórica ao estudo da mulher negra no Brasil.* Petrópolis: Vozes, 1988.

GIL, Antônio Carlos. *Como Elaborar Projetos de Pesquisa.* Atlas: São Paulo, 2010, 5ª. Ed.

GÓES, José Roberto e FLORENTINO, Manolo. *Crianças escravas, crianças dos escravos.* In: DEL PRIORE, Mary. História das Crianças no Brasil. São Paulo: Contexto 2008.

GOMES, Ana Maria Rabelo. *Outras crianças, outras infâncias?* In: SARMENTO, M. e GOUVEA. Estudos da infância: educação e práticas sociais. Petrópolis: Vozes, 2008. p. 82-96.

GOMES, A.M.R., SILVA, R. e PEREIRA, V. M. (20013). *Aprendizagens e Vida Cotidiana entre Meninos e Meninas Xacriabá.* Artigo apresentado XIII SIEE (Simpósio Interamericano de Etnografia da Educação), set. 2013.

GOMES, Núbia e, PEREIRA, Edimilson. *Assim se Benze em Minas Gerais.* Belo Horizonte: Mazza Edições, 1989.

_______. *Mundo Encaixado, significado da cultura popular.* Belo Horizonte: Mazza Edições, 1992.

______. *Ouro Preto da Palavra*. Belo Horizonte: editora PUC Minas, 2003.

GOMES, Nilma Lino e SILVA, Petronilha B. G. *Desafio da Diversidade*. In: GOMES,

N. L. e SILVA, P. G. Experiências Étnico-Culturais para a Formação de Professores. Belo Horizonte: Autêntica: 2002.

______ (s/data) *Corpo e cabelo como símbolo de identidade negra*. Disponível em: <http://www.acaoeducativa.org.br/fdh/wp-content/uploads/2012/10/Corpo-e-cabelo-como-s%C3%ADmbolos-da-identidade-negra.pdf>. Acesso em 22/07/2015.

______. *Educação e Identidade negra e a formação de professores/as: um olhar sobre o corpo negro e o cabelo crespo*. Educação e Pesquisa. São Paulo v. 29, nº 1, p. 167-182, jan./jun. 2003.

GOUVEA, Maria Cristina. *A escrita da história da Infância: periodização e fontes*. In: SARMENTO, M. e GOUVEA, Maria Cristina. Estudos da Infância – Educação e Práticas Sociais. Petrópolis: Vozes, 2008, p. 97-118.

GUIMARÃES, Antônio Sérgio A. *Classes, raças e democracia*. São Paulo: editora 34, 2002.

______. *Como trabalhar com "raça" em sociologia*. Educação e Pesquisa, São Paulo, v. 29, n.1, p. 93-107, jan./jun. 2003.

______ *Preconceito e Discriminação*. São Paulo: Editora 34, 2004.

______ *Raça, cor, pele e etnia.*. Cadernos de Campo. São Paulo: USP, v. 20, n. 20, jan./dez. 2011, p. 265-271.

GUSMÂO, Neusa M. M. *Terra de Pretos, Terra de Mulheres: terra, mulher e raça num bairro rural negro*. Brasília: Ministério da Cultura/FCP,1988.

HALL, Stuart. *Quando foi o Pó s Colonial? Pensando no Limite*. In: HALL, S. Da Diáspora - Identidade e Mediações Culturais. Belo Horizonte: Editora da UFMG, 2003. HAMPÂTÉ Bâ, Amadou. *Amkoullel, o menino fula*. São Paulo: Palas Athena: Casa das Áfricas, 2003.

_______*A tradição viva*. In: Ki-ZERBO, J. História Geral da África, I Metodologia e pré-história da África. Brasília: UNESCO, 2010, p. 167-212.

HONETH, Axel. *Luta por reconhecimento: a gramática moral dos conflitos sociais*. São Paulo: Editora 34, 2003.

INGOLD, Thimothy. *Da transmissão de representações à educação da atenção*. *Revista Educação*, Porto Alegre, v. 33, p. 6-25, jan./abr. 2010.

KISHIMOTO, Tizumo M. *Jogos Infantis - o jogo, a criança e a educação*. Petrópolis: Vozes, 2012.

KOZEL, Salete. E NOGUEIRA, A.R.B.A. *Geografia das Representações e sua aplicação pedagógica: contribuições de uma experiência vivida*, In: Revista do Dep. De Geografia de São Paulo. FFLCH-USP, 1999, p. 239-257.

KOZEL, S. *Representação do espaço sob a ótica dos conceitos: mundo vivido e dialogismo*. In Encontro Nacional dos Geógrafos, 16, 2010, Porto Alegre, Anais. Disponível em <www.abb.org.br/evento/dowload.php?idTrabalho=4528>. Acesso em 20/04/2014.

KRAMER, Sônia. *A infância e sua singularidade*. IN: BRASIL. Ensino Fundamental de Nove Anos. Brasília-DF, Ministério da Educação, Secretaria da Educação Básica, 2007. P.13-24.

_______. *Autoria e autorização: questões éticas da pesquisa com crianças*.Cadernos de Pesquisa. São Paulo, n. 116, p. 41-59, jul. 2002.

_______(Org.). *Infância e Produção Cultural*. Campinas: Papirus, 2010, 7ª. Ed.

_______ LEITE, Maria Isabel (Orgs.). *Infância: Fios e Desafios da Pesquisa*. Campinas: Papirus, 2008, 10ª. Ed.

KOSBY, Marília Flor. "*Aqui nós cultuamos todas as doçuras*": *a contribuição negra para a tradição doceira de Pelotas*. Monografia de

Bacharelado apresentada ao Curso de Graduação em Ciências Sociais da Universidade Federal de Pelotas, 2007.

LANCY, DAvid, e GROVE, Anete. *The Role of Adults in Children's Learning*. In: LANCY, David, BOCK, J. e GASKINS, S. The Antropology of Learning in Childhood. Lanham: Altamira Press, 2010, p.145-180.

LAVE, Jean; WENGER. Etienne. *Situated learning: legitimate peripheral participation*. Cambrige: Cambridge University Press, 1991.

_______. *Prática, pessoa, mundo social*. In: Uma Introdução a Vygotsky. São Paulo: Edições Loyola, 2013., p.165-174.

LUZ, Marco A. *Cultura Negra e ideologia do recalque*. Salvador, Rio de Janeiro, EDUFBA/Pallas, 2011, 3ª. Ed.

MARQUES, Eugênia P. S. *A Pluralidade Cultural e a Proposta Pedagógica na Escola – Um estudo Comparativo Entre Propostas Pedagógicas de uma Escola de Periferia e uma Escola de Remanescentes de Quilombos*. Dissertação de Mestrado apresentada ao Programa de Pós-Graduação em Educação da Universidade Católica Dom Bosco, Campo Grande: 2004.

MARTINS. Leda M. *Afrografias da memória, o reinado do rosário no Jatobá*. Belo Horizonte: Mazza Edições, 1997.

_______. *A Oralitura da Memória*. In: In: FONSECA, Nazareth S. Brasil Afro- Brasileiro. Belo Horizonte: Autêntica, 2001, p.62-86.

MARTUCCELLI, D. *Gramática del individuo*. Buenos Aires: Losada, 2007.

_______. *As contradições politicas do multiculturalismo*. In. Revista Brasileira de Educação. N. 2 p. 18-32. São Paulo, 1996.

MATTOSO, Kátia. *Ser Escravo no Brasil*. São Paulo: Brasiliense, 1982.

MEDAETS, Chantal. *"Tu Garante?": Reflexões sobre infância e as práticas de transmissão e aprendizagem na região do Baixo Tapajós*. XI Congresso Luso Afro- Brasileiro de Ciências Sociais: Diversidades e Desigualdades. Salvador: EDUFBA, 2011.

MELLO, João B. F. *A Humanística Perspectiva do Espaço e do Lugar*. Revista ACTA Geográfica, Ano v, N. 9, Jan./Jun. 2011, p. 07-14.

MOREIRA, Erika V. e HESPANHOL, Rosangela A. M. *O Lugar como uma Construção Social*. Revista Formação, n. 4, v. 2, p. 48-60, 2007.

MOTT, Maria Lúcia de Barros. *A criança escrava na literatura de viagens*. Cadernos de Pesquisa, São Paulo, n. 31, p. 57-98, dez. 1979.

MOURA, Clóvis. *História do Negro brasileiro*. São Paulo: Ática, 1989.

MOURA, Glória. *Aprendizado nas comunidades quilombolas: currículo invisível*. In: BRASIL. Dimensões da inclusão no Ensino Médio: mercado de trabalho, religiosidade e educação quilombola. Brasília – DF: Ministério da Educação, Secretaria de Educação Continuada, Alfabetização e Diversidade, 2006.p.259-270.

MOURA, Glória. *Festas dos Quilombos*. Brasília, Editora UNB, 2012.
NASCIMENTO, Beatriz. O Quilombo do Jabaquara. Revista de Cultura Vozes. Petrópolis, Vozes: 1980 p. 16-18.

MOUTINHO, Viale. *Contos Populares de Angola*. São Paulo: Landy,2000. MUNANGA, Kabenguele. *O conceito de africanidade no contexto africano e brasileiro*. II Congresso Nacional de Africanidades e Brasilidades, Vitória: UFES, 2014. Disponível e m : <file:///C:/Users/Patricia/Documents/Materiais%20para%20Doutorado/9738-23956-1-SM.pdf>.

NOGUEIRA, Simone Gibran. *Psicologia Crítica Africana e Descolonização da Vida na Prática da Capoeira Angola*. Tese de Doutorado apresentada ao Programa de Pós- Graduação da PUC São Paulo, 2013.

NUNES, Georgina Helena Lima. *Educação formal e informal: o diálogo pedagógico necessário em comunidades remanescentes de quilombos*. IN: BRASIL. Dimensões da inclusão no Ensino Médio: mercado de trabalho, religiosidade e educação quilombola. Brasília, DF: Ministério da Educação, Secretaria de Educação Continuada, Alfabetização e Diversidade, 2006.p.343-360.

________. (FaE/UFPEL) *Prática do Fazer, Prática do Saber: Vivências e Aprendizagens com um a Infância Rural e Negra.* Trabalho apresentado na 27ª. Reunião Anual da Associação Nacional de Pós-Graduação e Pesquisa em Educação, GT n. 21Educação dos Afro-Brasileiros. Caxambu, novembro, 2004. Disponível em <https://www.anped.org.br>. Acesso em 20/08/2010.

O'DWYER, Eliane Cantarina (Org.). *Terra de Quilombos.* Rio de Janeiro: Associação Brasileira de Antropologia, 1995.

OSÓRIO, R. G. *O sistema classificatório de "cor ou raça"* do IBGE. Brasília: IPEA, 2003. (Texto para Discussão, 996).

OLIVEIRA, Cláudia Marques. *Cultura afro-brasileira e educação: significados de ser criança negra e congadeira* em Pedro Leopoldo – MG. Dissertação de Mestrado. Programa de Pós Graduação da Faculdade de Educação de Minas Gerais, belo Horizonte, 2011.

OLIVEIRA, Fernanda C. *Quando Reza a Fé no Quilombo Matição: família, festas, males e curas fazem a comunidade.* Dissertação de Mestrado apresentada ao Programa de Pós-Graduação em Antropologia da Universidade Federal de Minas Gerais.

OLIVEIRA, Nilce e CASQUEIRO, Adriana S. *Ritos da comensalidade festiva na Bahia.* In: FREITAS, M. C. S. (Org.). Escritos e narrativas sobre alimentação e cultura [online], Salvador: EDFBA, 2008. Disponível em http://books. scielo. org.

OLIVEIRA, Rachel. *Projeto "Vida e História das Comunidades Remanescentes de Quilombos no Brasil": um ensaio de ações afirmativas.* IN; SILVA, Petronilha B. G. e SILVÉRIO, Valter Roberto. *Entre a injustiça simbólica e a injustiça econômica.* Brasília-DF, INEP, 2003.p. 247-270.

PARÉ, Marilene L., OLIVEIRA, Luana P., VELLOSO, Alessandra. *A educação para quilombolas: experiências de São Miguel dos Pretos em Restinga Seca* (RS) *e da Comunidade Kalunga do Engenho II (GO).* Cadernos Cedes. Campinas, vol. 27, n. 72, p.215-232, maio/ago. 2007. Disponível em http://www.cedes.unicamp.br

PAULA, Elaine e SILVA FILHO, J. J. *As brincadeiras das crianças de um quilombo catarinense: imaginação, criatividade e corporalidade.* In: ARROYO, M. e SILVA, M.

R. (Orgs.) Corpo Infância – Exercícios Tensos de Ser Criança por Outras Pedagogias do Corpos. Petrópolis: Vozes, 2012, p.184-213.

PAULA, Elaine. *"Vem Brincar na Rua!" - Entre o Quilombo e a Educação: capturando expressões, experiência e conflitos de crianças quilombolas nos entremeios desses contextos.* Tese de Doutorado. Programa de Pós-Graduação em Educação da Universidade Federal de Santa Catarina. 2014.

PEREIRA, Edimilson de Almeida. *Ouro Preto da Palavra. Narrativas de preceito do Congado de Minas Gerais.* Belo Horizonte: PUC-Minas, 2003.

PEREIRA, Edimilson de Almeida. *Os tambores estão frios, herança cultural e sincretismo religioso n ritual do candombe.* Belo Horizonte: Mazza Edições, 2005.

_______. *Malungos na Escola: Questões Sobre Culturas Afrodescendentes e Educação.* São Paulo: Paulinas, 2007.

PINTO, Benedita Celeste M. *Os remanescentes de quilombolas na região do Tocantins (PA): História, cultura, educação e lutas por melhores condições de vida.* In: BRASIL. Dimensões da inclusão no Ensino Médio: mercado de trabalho, religiosidade e educação quilombola. Brasília – DF: Ministério da Educação, Secretaria de Educação Continuada, Alfabetização e Diversidade, 2006, p. 271-304.

RAMOS, Arthur. *O folclore negro do Brasil.* São Paulo: WMF Martins Fontes, 2007. RATTS, Alecsandro J. *(RE) Conhecer Quilombos no Território Brasileiro.* In: FONSECA, Nazareth S. Brasil Afro-Brasileiro. Belo Horizonte: Autêntica, 2001,307- 326.

RATTS, Alecsandro J. *Eu Sou Atlântica, sobre a trajetória de vida de Beatriz Nascimento.* São Paulo: Imprensa Oficial, 2007.

RATTS, Alecsandro J.; Costa, K. e BARBOSA, D. S. Obstáculos e perspectivas dos Kalungas no campo educacional. In: BRASIL. Dimensões da inclusão no Ensino Médio: mercado de trabalho, religiosidade e educação quilombola. Brasília: MEC/SECAD, 2006, p.305-326.

REIS, João José e Gomes, Flávio dos Santos. (Orgs.) *Liberdade por um fio: história dos quilombos no Brasil*. São Paulo, Companhia das Letras, 1996.

REIS, Maria Clarete. (UFF) 2004. *Reflexões sobre a construção da identidade negra num quilombo pelo viés da história oral*. Trabalho apresentado na 27ª. Reunião Anual da Associação Nacional de Pós-Graduação e Pesquisa em Educação, GT n. 21. Educação dos Afro-Brasileiros.Caxambu, novembro, 2004. Disponível em <http://www.anped.org.br>. Acesso em 20/08/2010.

ROCHA, Edmar. J. *Autodeclaração de cor e/ou raça entre alunos(as) paulistanos (as) do ensino fundamental e médio: um estudo exploratório*. Dissertação de Mestrado Programa de Pós-Graduação em Psicologia Social – Pontifícia Universidade Católica de São Paulo, 2005.

ROSEMBERG, Fúlvia e PINTO, Regina P. *Criança Pequena e raça na PNAD 87*. São Paulo: Fundação Carlos Chagas, 1997. (Texto FCC, 13).

ROSEMBERG, Fúlvia. *Estatísticas educacionais e cor/raça na educação infantil e no ensino fundamental*. Estudos em Avaliação Educacional, São Paulo, V. 17, n. 33, p. 15- 42, 2006.

SANTANA, Patrícia M. S. *Professoras Negras: Trajetórias e Travessia*. Belo Horizonte: Mazza Edições, 2004.

SANTIAGO, Ana Rita. *Projeto Educacional do Quilombo Asantewaa: uma alternativa possível?* Dissertação de Mestrado apresentada ao Programa de Pós-Graduação em Educação da Universidade do Estado da Bahia. Salvador: 2005.

SANTOS, Joel R. *Zumbi*. São Paulo, Moderna, 1985.

SANTOS, J.E. *Os Nagô e a Morte*. Petrópolis: Vozes, 2012, 14ª Ed.

SANTOS, Milton. *Da Totalidade do Lugar*. São Paulo: Edusp, 2005.

SARMENTO, Manuel José Jacinto. *Geração e alteridade: interrogações a partir da sociologia da infância*. In: Educ. Soc. Campinas: CEDES, Mai./Ago./2005, p. 361-378.

_______ *Sociologia da Infância: correntes e confluências*. In: SARMENTO, M. e GOUVEA, Maria Cristina. Estudos da Infância – Educação e Práticas Sociais. Petrópolis: Vozes, 2008, p.17-39.

_______.*Infância, Diversidade e Expressão Simbólica*. In: Seminário Internacional Educação Intercultural, Movimentos Sociais e Sustentabilidade. Florianópolis, 2006. Disponível em http://WWW.rizoma3.ufsc.br. Acesso em 25/08/2010.

SILVA, Beatriz Caitana. *Infância Quilombola – (in) visibilidades, territórios e identidade*. IV Colóquio Internacional de Doutorandos/as, Coimbra: CES, set. 2013.

_______ *A Construção da (In) Visibilidade da Infância Quilombola; o papel do Estado e Movimento Social*. Dissertação de Mestrado em Sociologia da Faculdade de Economia da Universidade de Coimbra, Portugal, 2011.

SILVA, Consuelo D. Negro qual é o seu nome? Belo Horizonte: Mazza Edições, 1995. SILVA, Djalma. *De agricultores a quilombolas: a trajetória da Comunidade Quilombola de Mato do Tição e sua luta pela posse da terra*. Artigo apresentado na 26ª Reunião Brasileira de Antropologia. Porto seguro, jun. 2008.

SILVA, Juliana; BARBOSA, Silvia; KRAMMER, Sônia. *Questões teórico- metodológicas da pesquisa com crianças*. Florianópolis: Perspectiva, v. 23 n. 01, p.41- 64, jan./jul.2005. Disponível em HTTPS://www.cde.ufsc.br/nucleos/nup/perpectiva.htm. Acesso em 28/08/2010.

SILVA, Marcilene. *Conflito, estigma e resistência: um estudo a partir da Comunidade Quilombola Matição*. Tese de Doutorado apresentada ao Programa de Pós-Graduação em Educação da Universidade de São Paulo, 2011.

SILVA, Petronilha Beatriz G. *Diversidade étnico-racial e currículos escolares – dilemas e possibilidades*. Cadernos CEDES, Campinas, n. 32, p. 25-34, 1993.

_______ *Dimensões e sobrevivências de pensamentos em educação em territórios africanos e afro-brasileiros*. In: LIMA, Ivan Costa e SILVEIRA, Sônia. Negros, Territórios e Currículos. Florianópolis, NEN/Fundação Ford, 2000, p.77-90.

_______ *Aprender a conduzir a própria vida: dimensões do educar-se entre afrodescendentes e africanos*. In: BARBOSA, Lúcia M. de A. (Org.). De Preto a afrodescendente; trajetos da pesquisa sobre relações raciais no Brasil. São Carlos; EDUFSCAR, 2003a, p. 181-197.

_______ *Africanidades brasileiras: esclarecendo significados e definições*. Revista do Professor. Porto Alegre. N. 19 (73), p. 26-30, jan./mar. 2003b.

_______ *Aprender, ensinar e relações étnico-raciais no Brasil*. Educação. Porto Alegre: Ano XXX, n. 3 (63), p. 489-506, set./dez., 2007.

_______ *Estudos Afro-Brasileiros: africanidades e cidadania*. In: ABRAMOWICZ, A. e GOMES, N. L (Orgs.). Educação e raça, perspectivas políticas, pedagógicas e estéticas. Belo Horizonte: Autêntica, 2008.

SILVA, Rogério Correia. *A Televisão Sob o Olhar da Criança que Brinca; A presença da televisão nas brincadeiras de crianças de uma creche comunitária*. Dissertação apresentada ao Programa de Pós-Graduação em Educação da Universidade federal de Minas Gerais. 1999.

_______ Circulando com os Meninos: Infância, participação e aprendizagens de meninos indígenas Xacriabá. Tese de Doutorado apresentada ao Programa de Pós-Graduação em Educação da Universidade federal de Minas Gerais. 2011.

SILVÉRIO, Valter R. e TRINIDAD, Cristina. *Há Algo Novo a se Dizer Sobre as relações Raciais no Brasil Contemporâneo?* Educação e Sociedade, Campinas, *v. 33, n. 120, p. 891-914. Jul.-set., 2012.*

SILVEIRA, Oliveira. *Vinte de Novembro: história e conteúdo.* In: SILVA e SILVÉRIO. Educação e Ações Afirmativas. Brasília: INEP, 2003, p. 21-42.

SLENES, Robert. *Na senzala uma flor: as esperanças e as recordações na formação da família escrava.* Campinas, Editora da Unicamp, 2011.

SIROTA, Régine. *Emergência de uma Sociologia da Infância:* Evolução do Objeto e do Olhar. Cadernos de Pesquisada Fundação Carlos Chagas, São Paulo n. 112, p. 7-31, marco/2001.

SOARES, Edimara G. *Educação Escolar Quilombola: Quando a Política Pública diferenciada é indiferente.* Tese de Doutorado apresentada ao Programa de Pós- Graduação em Educação da Universidade Federal do Paraná, Curitiba: 2012.

SOUZA, Murilo M.A *utilização de metodologias de diagnóstico e planejamento participativo em assentamentos rurais: diagnóstico rural rápido participativo/DRP.* Revista Em Extensão. Uberlândia, v.8, n.1,p.34-47, jan./jul. 2009.

SPINDOLA, Arilma Maria de A. *A Cultura da criança Quilombola: Leitura Referenciada em Estudo, Relatos Orais e Imagens.* Dissertação de Mestrado apresentada ao Programa de Pós-Graduação em Educação da Universidade Federal do Mato Grosso do Sul. 2007.

TRINIDAD, Cristina Teodoro. *Identificação étnico-racial na voz de crianças em espaços de educação infantil.* Tese de Doutorado. Programa de Pós-Graduação em Psicologia da Educação, Universidade Católica de São Paulo, 2011.

VAINFAS, Ronaldo. *Ideologia e Escravidão: os letrados e a sociedade escravista no Brasil Colonial.* Petrópolis: Vozes, 1986.

ZALUAR, Alba. *A Máquina da revolta.* São Paulo: Brasiliense, 1994.

ZIVIANI, Denise C. G. *À flor da pele: a alfabetização de crianças negras entre o estigma e a transformação.* Dissertação (Mestrado) apresentada ao Programa de Pós- Graduação em Psicologia Social Universidade Federal de Minas Gerias, 2002.

Sítios Eletrônicos

www..cedefes.org.br

www.Koinomia.org.br/oq

www.palmares.gov.br

www.http://ombudspe.org.brasilquilombola

www..mec.gov.br

www.presidencia.gov.br/seppir

http://www.deepask.com/goes?page=quilombo/SC-Confira-a-taxa-de-trabalho-

infantil-e-a-populacao-infantil-ocupada-no-seu-municipio

Este livro foi composto em tipografia Linux Libertine e
Gentium Basic e impresso no papel Pólen 80g/m² (miolo) e
papel Cartão 250 g/m² (capa), no inverno de dois mil e vinte dois.